ケン・ジョセフ
シニア&ジュニア

【隠された】十字架の国・日本

逆説の古代史

徳間書店

序 文

永 六輔

この本の著者であるケン・ジョセフ・ジュニアはキリスト教会に生まれ、ぼくは仏教の寺に生まれ、それぞれ違う環境で育ってきましたが、ケンさんと出会っていろいろ教えられることがあります。

たとえば日本は仏教の国だと思いがちですが、そうではなく昔から幅広い文化をもっていたのです。

あるとき、「題名のない音楽会」で二回にわたってシルクロードの音楽を特集したことがあります。ケンさんがいつもぼくのところに来ては変な話をしていたので、彼等のコンサートに行ってみたのです。

そこでシルクロードのいろんな地域の人たちの演奏を聞いているうち、不思議な感覚に包まれました。

自分がこれまで伝統的な日本の音楽だと思っていたものが、そこで演奏されている。中央アジアの歌唱法が声明《しょうみょう》や追分《おいわけ》と重なってきました。中近東からアジアを経て日本にたどりついた文化。

そんなこともあって、ケンさんがお父さんと一緒につくったこの本の話を四年前にぼくにしたときから、ラジオで情報を求めたり、お寺に紹介したりと応援してきました。

ぼくは仏教徒ですが、十字架を戴《いただ》いている人たちからも学んでいかなければいけないと思っています。

かつて仏教のお寺の中には困った人たちを無条件で受け入れてくれる「駆け込み寺」がありました。

ケンさんたちが国際ボランティア組織の「アガペハウス」として大震災後の神戸をはじめ、三宅島、北海道の有珠山、島根などの被災地や難民キャンプに出かけていって困っている人たちの手助けをしている姿は、まさに現代の「駆け込み寺」だといえます。いまはお寺に行っても助けてくれるところが少ない。

耳が痛いとこかもしれませんが、仏教も、仏教徒の人たちも、いまこそ原点に戻ってみるべきじゃないかと思います。

ひよわ、あやふや――まるで骨のないように見える現代の日本人。自分たちのルーツであるかつての日本の姿を知ることは、現代に生きるわたしたちに大きなメッセージを与えてくれるに違いありません。この本を通じて、みなさんが日本文化の世界につながる奥深さに気づいてくれたら幸いです。

謝辞

本書中に出てくる「私」、すなわちケン・ジョセフJr.《ジュニア》は、父ケン・ジョセフSr.《シニア》と共同でこの本を執筆しました。父の卓越した研究により、これを優れた本にすることができたことを深く感謝したいと思います。また、調査等の助力を惜しまなかったジャン・ホリングスワース氏、歴史的叙述に関して様々な手助けをしてくれた久保有政氏に、深く謝意を表したいと思います。

［隠された］十字架の国・日本　［目次］

第1章　ルーツに引き戻した出会い

第2章　自由を求めて古代日本に来た秦一族

第3章　仏教以外の日本がある

第4章　日本人のルーツ＝シルクロード

第5章　日本文化に残る渡来人の影響

第6章　渡来人の町だった奈良や京都

第7章 ルーツに帰った人々

エピローグ

装幀　川畑博昭
カバー絵　高橋常政
校正　麦秋アートセンター

第1章 ルーツに引き戻した出会い

東ケ崎菊松さんが教えてくれたこと

かつて太平洋戦争が終わったとき、マッカーサー元帥《げんすい》は米国民に対し、ある呼びかけを行ないました。それは日本の復興を助けるため、一万人のボランティアが日本にやって来てほしい、というものでした。私（ケン・ジョセフJr.）の父は、その呼びかけに答えて日本にやって来た一人でした。弱冠二二歳のときです。

そのアメリカから日本に向かう船中でのこと、船の食堂で食事をしているときに、たまたまその父の前に、七〇歳ぐらいのおじいさんが座りました。

貴族のような立派な身なりをした日本人で、東ケ崎菊松《とうがさききくまつ》さんという方です。当時の「ジャパン・タイムズ」のオーナーでした。彼は父に、

「君、なんで日本に行くんですか」

と聞きました。

「はい、僕はマッカーサーのアピール（呼びかけ）を聞いて、戦後の日本を助けに行くんです。僕は牧師で、日本にイエス様のことを伝えに行くんです」

するとと東ケ崎さんは、

「そうか、うん、それは偉いな。君は、ご出身はどちらかね？」

「はい、シカゴです」

東ケ崎さんは何か変な顔をして、

「ほう、では、ご両親とかご先祖はどちらから？」

「はい、うちはアッシリア人なんです。父と母はアッシリアから来ました」

と父は答えました。すると東ケ崎さんは、変なことを言い出したのです。

「君が今から日本に行くのなら、大切なことを一つ教えてあげましょう。君は日本を助けるために、そしてキリスト教を伝えるために日本に行くのだと思っているでしょうけれども、じつはそこにはもう一つ、もっと深い、大きなことがあるんだよ」

父はそのとき、まだ大学を卒業したばかりでしたし、何がなんだか日本のこともさっぱりわからないときだったので、ただ「そうですか」と言って聞きました。しかし東ケ崎さんは続けました。

「じつは君の先祖が、今から一四〇〇年も前に、我が国に三つの宝物を持ってきてくれたんです」

「えっ！」

「一つは『自由と民主主義』、二つ目は『福祉と医療』、そして三つ目は、君が今言った『基督教《キリスト》』です。

我が国は今、戦争のためにすべて失って、この三つの宝物までほとんど失ってしまいました。年老いた私のお願いで恐縮だが、あなたが日本に行ったら、我が国が失ったその三つの宝物を、もう一度よみがえらせていただきたい」

そう東ケ崎さんは語ったそうです。父はそのときは、

「ああ、そうですか、はい、わかりました。頑張ります」

と、何もわからないまま日本に来てしまったわけです。

新聞に投書すると……

数年経《た》って、そのことも全部忘れかけていた頃でした。ある日、思い出したのです。

「そういえばあのとき、変なこと言われたっけな」

そのとき東ケ崎さんは、残念ながらすでに亡くなっていました。しかし、どうも諦《あきら》めがつかない。それで毎日新聞の投書欄に書きました。

「じつは日本に船で来るとき、こういう変なことを聞いたのですが……」

すると、全国から手紙が来ました。「その通りなんだよ」「その通りなんだ！」

その手紙をくれた一人が、早稲田大学教授で、東京文理大学学長も務められた故・佐伯好郎《さえきよしろう》博士でした。

「景教《けいきょう》」（ネストリウス派基督教、昔アジアに広まった東方基督教）の研究で有名なあの佐伯好郎教授です。私

も、博士の本からはずいぶん多くのことを学びました。

またもう一人、忘れられない人が、京都大学の故・池田栄名誉教授《いけだだ さかえ》でした。池田教授も、古代の日本に来た景教徒たちや、また「秦氏《はたし》」について多くの研究を行なった人です。秦氏とは、古代の日本に集団移住して日本人となり、日本の文化伝統に巨大な影響を与えた氏族です。池田教授は彼ら秦氏や、景教に心酔し、日本に景教の教会を復興させようとまでしました。

佐伯先生や池田先生の手紙は、今でも大切に保管しています。以来、佐伯ファミリー、池田ファミリー、そして私の家族ジョセフ・ファミリーは、深い交わりを続けてきました。先生方の協力がなかったら、この本を書き上げることはできなかったでしょう。

多くの人は、最初に日本に基督教を伝えたのは、一六世紀のフランシスコ・ザビエル（一五〇六～一五五二年）だと思っています。しかし、事実はそうではありません。

ザビエルよりはるか以前から、基督教は日本に伝わっていて、大きな影響を与えていました。じつは今でも、その文化的影響が日本に色濃く残っているのです。それは日本の全国各地、また日本文化の中枢にさえ残っています。それに関する詳しいことは、後述したいと思います。

古代日本には、インドや中国から仏教が入って来ただけでなく、中央アジアや中近東世界からも様々な文化、宗教が入って来ました。そして大きな影響を与えていました。日本に来たのは、黄色人種だけではありません。白い人たちや褐色の人たちもやって来ていたのです。

景教および原始基督教などの古代基督教もまた、入っていました。東ケ崎さんの言ったように、今から一四〇〇年も前に、いや、その後の研究によれば今からおそらく一八〇〇年以上前に、シルクロードを経て、それは日本に伝えられていました。

私が幼い頃から、父はそのことを言っていたのです。でも私ははじめ、

「そんなことあるわけないじゃないか」

と言ってまったく信じませんでした。

父は、日本に初めて基督教が入って来たのは四〇〇年とか、五〇〇年前とかの話じゃない、じつは一四〇〇年も一五〇〇年も前にすでに入っていたんだと、よく言っていました。

そんな大昔に様々な渡来人たちがやって来て、宗教だけではなく福祉や医療、さらには、のちの日本の文化伝統となる様々なものをもたらしていたのだと。そんな話を、自宅に来たお客さんたちに得意気にしゃべるのです。

自分の先祖がシルクロードを経て、あるいは船に乗って、西暦五世紀とか六世紀といった時代に日本にやって来たと言っていました。私は、

「お父さん、いいからさ、人の前で話すのはやめてよ」

と言って、かわしていたのですけれども、父はやめない。

しかし、そののちある不思議な出会いが、私を変えました。

どこに行ってもキリシタン遺跡

私が海外に行っているときでした。ある日、日本に関する本を、人から渡されたのです。

「君、読んだことあるかい？　君は日本について興味を持っているんでしょ。昔の日本について書いてある本だよ」

それは、リチャード・ヘンリー・ドラモンドという人が書いた『日本の基督教史』という英語の本でした。手にとってみると、本の裏表紙に、その本の内容に関する短い説明書きがありました。私の目にいきなり、まるでその本から飛び出してくるみたいに、一つの言葉が飛び込んできました。それは、

「一六〇〇年頃、日本で一番大きな、また全国に最も広まっていた宗教は、基督教であった」

という文章でした。私はびっくりして、

「何言ってるんだ。日本は仏教の国だよ。そんなことあるわけないじゃない」

と思ったのです。しかし反面、

「もしそれが本当だとしたら、何で僕らが知らないの？」

と思いました。必死にその本を読みました。

そののち私は、ボランティア団体の仕事にたずさわるようになりました。「アガペハウス」また「ジャパン・ヘルプライン」「日本語１１０番」「日本緊急援助隊」といった組織をつくって、困った人を助け

たり、災害現場での救助などで奔走するようになったのですけれども、一方では講演を頼まれることも多くなりました。

そこで、北海道から九州まで、各講演先に行ったときに、そこで現地の人にいろいろ聞いてみたのです。

「この近くに何かキリシタンのものとか、古い基督教関係の遺跡とかが、ありませんか」

びっくり仰天《ぎょうてん》しました。どこへ行っても、ほとんど誰に聞いても、

「はい、近くにありますよ」

との答えが返ってくる。たとえば小さな教会の中にキリシタンの博物館があったり、また、仏教のお寺の中にもキリシタンの遺跡があったりします。あるいは景教の人たちの遺跡があったり……。中には、ザビエル以前の基督教の遺跡もありました。

また、今まで「これは仏教の風習」と聞いていたものが、じつはよく調べてみると、昔日本にあった基督教の名残《なごり》だということがわかったりして、私の頭の中はこんがらがってきてしまったのです。

熊本でのことでした。私はそこでの講演を終えてから、父に電話しました。自分がそこで見た基督教の影響の跡、遺跡について父に話したのです。後日また熊本に来て調査してみたい、とも言いました。すると父は、驚いたふうもなく、私に言ったのです。

「なんで今頃になって、調査を始める気になったんだね？　新米《しんまい》さん。カトリックの宣教師たちは、あとから来た人たちにすぎないんだよ。彼らが日本に来るよりはるか昔、われわれの先祖たちが、すでに日本に来ておったのだよ。聞いたことあるだろ？」

そうでした。私はようやく思い出したのです。ザビエルよりはるか昔に、すでに古代の基督教徒たちが

日本にやって来ていたと、父が幼い私によく語っていたのを。

「そうだ！　そうだったんだ！　そういえば、何度も何度もイヤというほど聞かされていたっけ。オーケー、お父さん。では僕たちの先祖、古代の基督教徒たちは最初、日本のどこへ行ったの？　僕が今やっている仕事が一段落ついたら、それら一つ一つの土地に行って調べてみるから、教えて」

こうして、そののち私は父が教えてくれた情報をもとに、兵庫県のある小さな町に向かいました。そこは非常に古い時代に、東方基督教の古代基督教徒（西暦一～五世紀頃の基督教徒）たちが、日本にやって来たと言われているところでした。

坂越に来た秦氏

それは兵庫県赤穂《あこう》市にある「坂越《さこし》」という港町です。高楠順次郎《たかくすじゅんじろう》博士の研究によれば、そこは大昔、「秦氏《はたし》」（「はたうじ」ともいう）と呼ばれる渡来人一族が日本に上陸した、と言われているところでした。

そこに向かう電車で、たまたま一組のご夫婦と、席が隣同士になりました。親しくなったので聞いてみると、信じられないことですけれども、そのご夫妻はキリシタンの末裔《まつえい》とのことでした。

彼らは、自宅にはまだご先祖のキリシタンたちが残した形見がある、と語ってくれました。そしてなんと彼らも、私と同じ場所に行こうとしていたのです！

「うちの娘が迎えに来ることになっているの。あなたが行きたいと思っているところへ案内してくれるわよ。すぐ近くだから」

そう親切に私を誘ってくれました。

私たちはまもなく、その坂越町にある「大避《おおさけ》神社」という古い神社に着きました。そここそ、父がかねがね言っていた、大昔に先祖がたどり着いて初めて古代の基督教会を建てたらしいという場所なのです。

たしかに、そこは瀬戸内海の入り江で、港があり、昔から渡来人が多くやって来たところだと聞きました。私はそれでも心の中では、こんな馬鹿げた話をこれで終わらせることができるかもしれない、と思っていました。私は勇気を出して、そこの宮司《ぐうじ》さんに聞いてみました。

「あのー、僕の先祖は、アッシリアの方から来ました。じつは今から一四〇〇年ほど前に、その方面から古代の基督教徒がやって来て、ここに彼らの教会を建てたって聞いたことがあるのですけれど、何か知りませんか」

私は「さっさと立ち去れ！」という言葉が返ってくるだろうと思っていました。しかし宮司さんは、

「それは面白いことを言われる。この神社は、じつは秦氏という氏族に関係のあるところで、正直に申し上げると、大変変わった神社なんじゃよ……」

と言って、神社の由来とか、神社にまつわる「奇妙」と言われるものを、いろいろ見せてくださいました。秦氏一族にまつわるものなどです。

たとえばその一つに、秦氏の族長・秦河勝《はたのかわかつ》が自分で彫《ほ》ったという、雅楽《ががく》の面がありました。その面は、彫りの深い顔で、鼻が高く、かぎ鼻で、頭上には天使のようなものが守っている形になっていました。

「雅楽というものはもともと、みな中近東からやって来たんですよ」

とも宮司さんは教えてくれました。私はその面を見るなり、

「あれー、うちのお父さんの顔にそっくりだ」

と叫んでしまいました。

その神社では「一二」という数字をよく使うのですよ、とも宮司さんは言いました。賽銭《さいせん》を一二個あげるとか、石が一二あるとか、神社のあちこちで一二という数字をよく使うとのこと。

そういえば、古代イスラエル人は、一二の部族にしたがって一二個の石の柱を立てたとか、よく一二という数字を使いました。また、景教徒などの東方基督教徒たちもそうだったなあ、などと思いながら聞いていました。

さらに、今はこの大避神社では秦河勝を祭ってあるけれども、はじめは「秦河勝が拝んでいたもの」を祭っていたのだろう、とも宮司さんは言いました。「秦河勝が拝んでいたもの」とは、何なのか。

大避神社の近くには、秦河勝の墓がありました。宮司さんは続けられました。

「そうじゃな、あなたは京都に行くべきだよ。そこには『広隆寺《こうりゅうじ》』という特別な寺があってな、その寺は、私どもと昔々から関係がある。あなたのために、そのお寺宛てに紹介状を書いて差し上げよう」

私は体中に鳥肌が立つような震えを感じました。父はいつも、はっきりと、

「私たちの先祖が最初にこの地に古代基督教の教会を建てて、それから京都に行き、そこで宣教活動をした」

と語っていたからです。

私はその港町をあとにしました。その港町、坂越は赤穂市内にあります。「赤穂浪士」で有名なあの赤

聖徳太子の側近であり、ブレーンであった秦河勝の像（広隆寺蔵）

秦河勝が弓月国から持ってきた胡王面。頭上に天使が守る。「あれ、お父さんの顔にそっくりだ」（坂越の大避神社蔵）

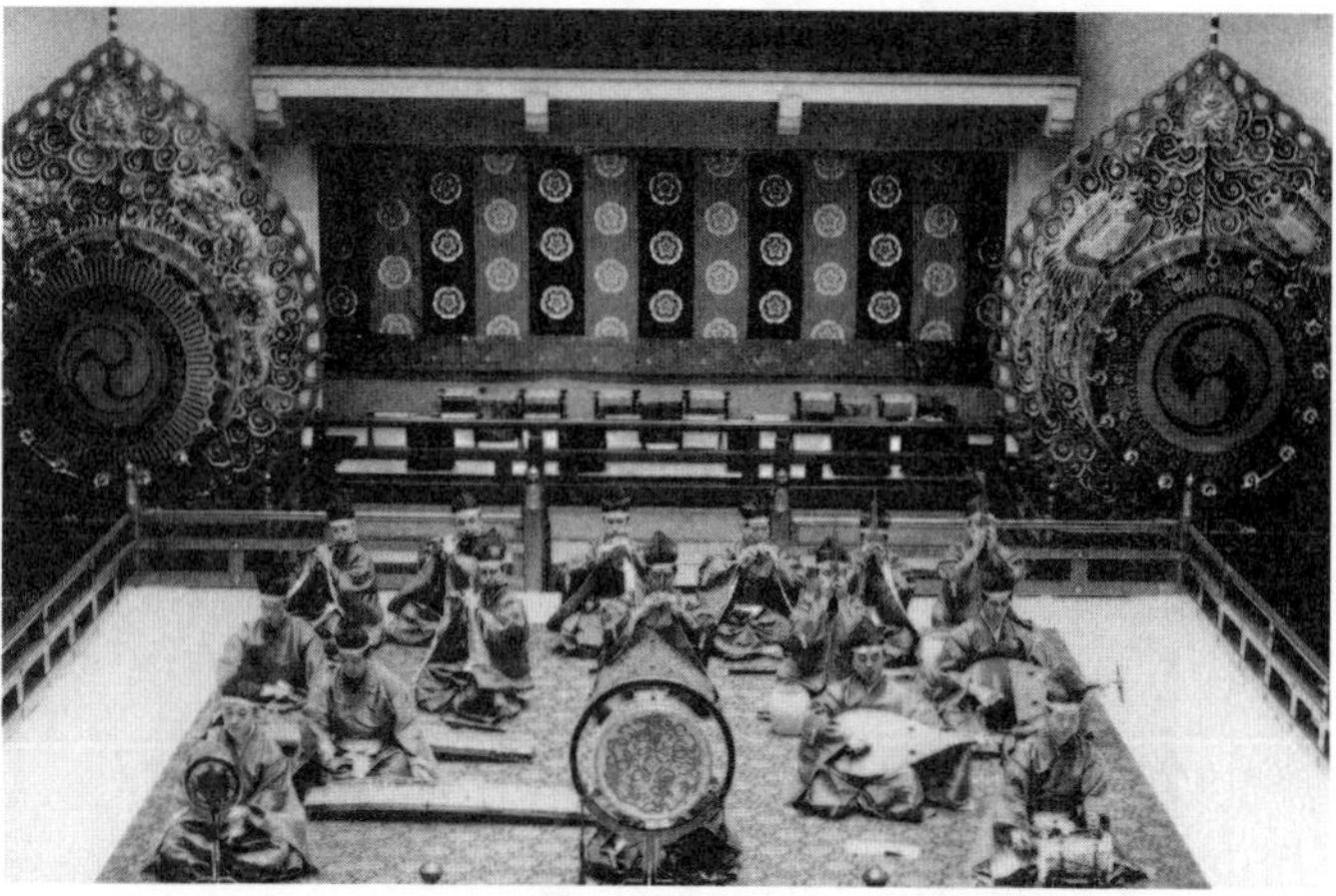

「雅楽というものはもともと、みな中近東からやって来たんですよ」と宮司は教えてくれた。

穂です。そこは昔から、秦氏の人々がたくさん住んでいたところだそうです。

「そういえばイスラエルの北部にも、アコー（アッコ）という港町があるなあ」

などと思いながら、私は京都に向かいました。

渡来人と一緒につくった京都の町

坂越の大避神社の宮司さんが教えてくれたそのお寺――京都の広隆寺には、翌日訪れました。それは京都市右京区の「太秦《うずまさ》」と呼ばれる地にあります。あとで知ったのですけれども、これも、秦氏と呼ばれる渡来人一族が建てた寺でした。

残念ながら住職さんは外出中でしたので、奥さんに、宮司さんからいただいた紹介状を手渡しました。奥さんは丁寧《ていねい》に応対してくださいました。


私は、神社で語ったのと同じことを、ここでも尋ねてみました。「お帰りください！」と言われるのではないかと思いながら、また、もしかしたらこれで父の説の間違いをはっきりさせられるのではないか、とも思いながら、恐る恐る聞いてみたのです。すると奥さんは、

「そうどすなぁ。このお寺はえらい不思議どすのぇ。……言わはるように、おたくのご先祖さんがここに来て教会を建てはったかどうかは、はっきり証拠立てるの無理やろ思いますけど。そやけど、まんざら無いことも無いと思えるふしがあるのどすぇ。

まあ、私は今日みなさんが『国際化、国際化』と言われるたんびに、腹が立ちますのや。そなこと、昔から京都で、してたことですわ。京都は昔、今の香港みたいなとこやったそうで、いろんな国からいろんな人たちが来ていて、いろんな宗教があって、それで京都は栄えたらしいのどすぇ。

あなたの先祖は、私たちの先祖と一緒に、京都というこの町をつくりあげたのですよ」

「そうか！」と私は思いました。

京都に昔やって来た人たちがどんな人々だったかということに気づいていなかったこと、それが私の最大の間違いでした。奈良、京都はシルクロードの終着点だったのです。

何世紀にもわたって、中近東方面から、あるいは中央アジア、東アジアから、多くの人々がシルクロードを通って、昔の日本にやって来ていた。そして定着していた。

この場所は、初期の一群の人々がやって来たところだったのです。彼らは朝鮮半島から関門《かんもん》海峡を通り、瀬戸内海に入って、ここまでやって来ていた。彼らは、私の先祖たちでした。私は大変なショックを受けて、そこにへたり込んでしまいました。

「そうか、私の先祖たちも一緒になって、この京都を、また日本を築き上げたんだ！」

私は東京で生まれ、日本で生まれ育ち、小学校にあがるまで自分を日本人と思っていました。しかし鏡を見れば、自分の顔はまわりの日本人とは違う。やがて、自分は日本人じゃないし、ここは自分の国じゃない、自分はただの「お客さん」にすぎないのだな、と思うようになっていました。ところが、京都でこの言葉を聞いたとき、

「ああ、ここは自分の国でもあるんだ。ここにいていいんだな！」

とわかったのです。また、かつて父が口をすっぱくして語っていたことなどが、頭の中で走馬灯《そうまとう》のように回っていました。

もう引き返せません。私の先祖が大昔の日本にやって来て、日本人となって、土地の人々と共に京都を、また多くの町々をこの日本で建て上げた――それを知った感動は、私の心の中をゆきわたっていました。

こうして私は、自分でできる限り、このことを詳しく調査してみたいと思ったのです。

アッシリアという国

私も、父も、先祖は中近東に住むアッシリア人だと言いました。しかし、「アッシリアという国が昔、中近東にあったのは聞いたことがありますが、今もあるのですか」と人に聞かれることがあります。今は、アッシリアという国はありません。しかし、今も世界各地に「アッシリア人」はたくさん生きています。そして、自分たちがアッシリア人だという自覚を持って生きています。

二〇世紀になって、ユダヤ人は自分たちの国「イスラエル」を再建しました。そのように、アッシリア人もまた、自分たちの国家を再建したいと切望しています。

アッシリアという国はかつて、今のイラクやイランあたりの地域にありました。紀元前九〇〇～六〇七年頃まで、そのあたりに大帝国を築き上げていました。中近東のほとんどすべての国々を制覇したのです。

その制覇は、イスラエルの国にまで及びました。

当時イスラエルは、ソロモン王の死後、南北二つの国に分裂していて、北王国イスラエルと、南王国ユダとになっていました。そしてアッシリア帝国は紀元前七二二年、北王国イスラエルを占領。その民のうち、多くをアッシリアに連れて来ました。彼らを捕囚《ほしゅう》の民としたのです。

彼ら北王国イスラエルの人々は、イスラエルの一二部族中の一〇部族で成り立っていましたから、彼ら捕囚の民は「イスラエルの失われた十部族」の名でも呼ばれています。

そののち紀元前六〇七年に、アッシリア帝国は、強大となったバビロン帝国（新バビロニア王国）によって征服されました。

しかし、アッシリア人がそののちまったくいなくなったわけではありません。じつはアッシリア人は、日本の古代史に深くかかわっているのです。それは古代の日本に来た渡来人のうち、多くの人々がアッシリア人、あるいはアッシリア地域にいた諸民族だったからです。

かつて一九一七年に、トルコとクルドのイスラム教徒が、約一八万のアッシリア人基督教徒、および約一五〇万のアルメニア人基督教徒を虐殺《ぎゃくさつ》する、という事件が起きました。彼らは「景教徒《けいきょうと》」（アッシリア東方基督教徒。ネストリウス派基督教徒ともいう）の子孫です。イスラム教徒は村々にやって来て、「二四時間やるから、コーラン（イスラム教の教典）か剣か、どちらかを選べ」

と言って、改宗か死の二者択一を迫りました。そのとき、年寄りは死を選び、若い人々の多くは前の晩に逃げることを選びました。こうして、虐殺を逃れた大量の難民が発生しました。

その中に、私の祖父、また祖母がいました。彼らはアメリカに渡り、アメリカの国籍を得ました。しか

し民族的にはアッシリア人です。私は幼い頃、祖父が夜中に突然、

「あぁ、彼らが来る！」

と言って飛び起きたり、うなされていたのを覚えています。いまだにあのときの恐怖がよみがえるのだと、祖父は言いました。このように、私は、一九一七年のアッシリア人大虐殺で生き残った人々の子孫なのです。

しかし、よく父から聞かされました。

「日本のキリシタンたちは、もっとすごい迫害の中を生き抜いたのだよ」

これは、景教徒の子孫として生まれた私にとって、非常に興味深いことでした。

アッシリアほど聖書に関係の深い国はない

アッシリアは、じつは太古の昔から、聖書に非常に関係の深い国です。

エデンの園があったと言われる場所は、アッシリアの地域にあります。バベルの塔も、またノアの箱舟が漂着したと言われるアララト山も、アッシリアの地域内でした。旧約聖書に出てくる預言者ヨナ（活動は紀元前七九〇〜七七〇年頃）が宣教に行ったというニネベの町（現モスル）も、アッシリア地域です。

ニネベは、当時のアッシリア帝国の首都でした。預言者ヨナがそこで神の言葉を語ると、ニネベの人々は悔い改めて悪を離れる努力をなし、神に立ち帰ったと聖書は記しています。すると神は、ニネベを滅ぼ

そうとしていた計画を思い直し、彼らを滅ぼさなかったと。

じつは私の祖父と祖母は、このニネベの生まれです。ですから、もしあのときニネベが滅ぼされていたら、私の祖父や祖母、また私も生まれていなかったのかもしれません。つまり、これは私にとって聖書を非常に身近に感じさせる出来事なのです。

アッシリア人の祖先は、アシュルという人で、ノアの子セムの子孫でした（創世記一〇・二二）。つまり、アッシリア人はセム系民族です。ヘブル人（イスラエル人、ユダヤ人）とは親戚にあたります。イスラエル民族の父祖アブラハムが生まれたのも、アッシリア地域においてでした。

また、いわゆる「イスラエルの失われた十部族」が離散した地――それもアッシリアです。要するに聖書の舞台となった地域、それがアッシリアなのです。

アッシリアの隣には、イスラム教を生んだアラビアや、ゾロアスター教を生んだペルシャなどがありました。さらに、ゾロアスター教に基督教、グノーシス主義、仏教等を加えてでき上がったマニ教なども、隣のペルシャで生まれました（三世紀に始まり、その後滅亡）。

アッシリアはまた、バビロニアと共に、世界最古の文明を築き上げた地域です。アッシリア人は世界で初めてガラスを発明し、ガラス・レンズをつくり、世界で最初の図書館をつくった人々です。そのほか美術、数学、工学的技術などの分野において高度な文明を誇りました。

アッシリアはまた、意外と知られていませんが、いち早く基督教を受け入れた地域でもあります。

イエス・キリストの弟子たちは、キリストの昇天後、西方に伝道に行っただけではありません。東方にも向かいました。イエスの十二弟子の一人、トマスは東方に向かい、アッシリア地域にやって来ました。

研究家バルオーライの記すところによれば、トマスはイエス昇天の二年後には、すでにアッシリア地域で伝道していました。

そしてアッシリア人やアルメニア人は、異邦人の中で世界で最初の基督教国家をつくりました。アッシリア東方教会では伝統的に、トマスは初代の大主教と呼ばれています。

トマスはアッシリアでの宣教後、インドに行きました。インドで三五年間働いたジョン・スチュワート宣教師が、『景教徒の事業』という本を書いています。彼はトマスについて、次のように述べています。

インドに伝わる伝説によれば、トマスは西暦五二年、インド南西部のマラバル海岸にあるコチンのクランガノールの近く、マランカラ島に上陸しました。

トマスはその地で、王から庶民に至るまで、あらゆる階層の人々に信者を獲得しました。そして非常に多くの人々に洗礼を授けました。彼は七つの教会を建て、二人の司祭を任命しました。

トマスはそののちインド東海岸のミラポール（マドラス。一九九六年にチェンナイに改名）に行き、そこの王をはじめ民を改宗させます。

またある伝説によれば、トマスはその後、チベットを経て一時、中国に伝道に行きました。今の北京《ペキン》あたりまで行き、信者をつくって教会を建てました。そののち再びインドに戻って伝道したということです。

西暦七二年に、トマスはインドのミラポールで殉教したと伝えられています。殉教したその地は「トマスの丘」と呼ばれています。遺体はミラポールに葬られました。五世紀頃、テオドラという人が、フランスのクールの監督グレゴリーに対して、

「南インドのミラポールにトマスの墓があった」

と伝えています。今は、そこはカトリック教会内にあり、多くの人がトマスを慕って訪れるところとなっています。今日も南インドには、トマスの名で呼ばれる教会があります（聖トマス教会）。その地方の基督教徒は、自分たちを「トマス・クリスチャン」と呼んでいます。

かつてインドのラジェンドラ・プラサド大統領は、こう語ったことがあります。

「ヨーロッパの国々がまだほとんど基督教国となっていない時代に、使徒トマスがインドにやって来て、多くの人々を基督教徒にしました。インドの基督教が、このようにヨーロッパよりも古く、深い起源を持つものであることは、私たちにとって本当に光栄なことであると思います」

トマス以外にも、イエスの十二弟子の一人、バルトロマイ（ナタナエル）も、アッシリアなど東方地域へ伝道に行きました。ヒエロニムスという古代に生きた聖書学者（教父でもある。三四七〜四二〇年）の記すところによれば、バルトロマイはさらにインドに伝道に行き、最後はアルメニアのアルバノポリスで死にました。

また六世紀までには、景教徒（東方基督教徒）の教会も、インド西南部のコチンにできていました。今もそこには、景教の教会があります。

アッシリアは最初の基督教国

イエス・キリストには、最も側近の弟子たちであった「十二弟子」のほかに、そのまわりにはさらに、次の側近の弟子たちである「七十人の弟子」たちがいました（ルカの福音書一〇・一）。その一人に、アダイ（アラム語。ギリシャ語ではタダイ）という弟子がいました。

西暦一世紀、アダイはアッシリア地方の古都エデッサ（現ウルファ。トルコ南東部）に福音を伝え、そこに教会を建てました。また、パルテヤ地域（カスピ海南東）にも行っています。四世紀の歴史家が、過去の文献を引用してそう記した文章が残っているのです。アダイのほかにも、同じく「七十人の弟子」に属するアガイ、マリなども、東方教会の基礎をつくりました。

その後エデッサの都は、アッシリア東方基督教の中心地として栄えました。すでに西暦九五年には、その地域には一九の都市に、基督教の主教がいました。十字架のついた王冠をかぶったエデッサの王の像がある、二世紀のコインも発見されています。

また、イスラエル以外の地における世界最初の基督教会は、イラン北部ウルミアのマート・マリアムのアッシリア教会だと言われています。聖書は、キリスト降誕のときに「東方の三博士たち」（マタイの福音書二・二）がキリストを拝みにやって来たと記していますが、その「東方の三博士たち」によって、この世界最初の教会の基礎がつくられたと言われています。

西暦一六一年には、メディヤ、ペルシャ、バクトリヤなどのアッシリア地方に、広く基督教が伝わっていたことが知られています。トルコ人やタタール人は、早くも二世紀にはすでに基督教徒となっていました（バールダイサン BarDaisan 一五四～二二二年による）。

このようにアッシリアは、最初の基督教の民となったのです。アルメニア人も、アッシリア人から基督教を学んで信仰に入り、五世紀までアラム語聖書を使っていました。二世紀の思想家タティアノスは、

「私はアッシリア人です」と述べ、その著『ギリシャ人への言葉』の中でこう書きました。

「基督教において結実した聖書の宗教は、中東に興り、ギリシャの哲学や宗教よりもはるかに深く、はるかに真実なものです」

またじつは、キリストの弟子たちがアッシリア方面に伝道に行く以前から、アッシリア方面にはいち早くキリストのことが伝わっていたようです。

聖書には、キリスト昇天から一〇日後、ユダヤでペンテコステ（五旬節）の祭があったとき、神の「聖霊」がイエスの弟子たちの上に下ったと書かれています。これは実質的に、基督教会が誕生した日です。このとき、エルサレムには方々から様々な人々が集まっていました。新約聖書『使徒の働き』二章九節は、

「パルテヤ人、メジヤ人、エラム人、またメソポタミヤ……に住む者たち」

も、そこにたくさん来ていたと記しています。彼らはすべてアッシリア地域から来た人々でした。ですから、彼らはペンテコステの日にエルサレムで見聞きした出来事を、アッシリアに帰ってから人々に宣《の》べ伝えたことでしょう。

こうしてアッシリアの地域には、いち早くキリストの教え（福音《ふくいん》）が伝わっていったのです。

また、アッシリア地域から来ているこれらの人々の中には「ユダヤ人もいれば改宗者も」いた（使徒の働き二・一一）、とも記されています。じつはアッシリア地域には、紀元前の時代から、多くのユダヤ人が住んでいました。

というのは、アッシリアの地域はかつてバビロン帝国によって支配されましたが、南王国ユダのユダヤ人たちは紀元前六〇六～前五三六年までそこに捕囚されたという経緯があります。

いわゆる「バビロン捕囚」ですけれども、バビロン帝国が滅びて、ペルシャ帝国が中近東を支配した時代になって、彼らユダヤ人の一部はエルサレムに帰還しました。しかし一方では、エルサレムに帰還せず、捕囚の地にとどまったユダヤ人たちも多かったのです。

このようにアッシリアの地域には、紀元前の時代からユダヤ人がたくさん住んでいました。また「イスラエルの失われた十部族」のうち多くの人々も、そこに住んでいたでしょう。そして彼らの多くは、福音を聞いたとき、クリスチャンになったのです。

そのため、アッシリア地域で栄えた基督教には、非常にユダヤ的な面があります。

これは、エルサレム以西に伝わって、のちに「ローマ・カトリック」と呼ばれるようになった西方基督教とは、大きく異なる点です。カトリックは、じつはユダヤ的な特徴をできるだけ排除したような基督教なのです。それに対し、「アッシリア東方基督教」は、ユダヤ的な面、つまり原始基督教（西暦一世紀頃）の特徴を大きく残した基督教でした。

早くから交易があったアッシリア地域と中国

アッシリア地域はまた、中国との間に、非常に早い時代から交易を持った地域です。

紀元前二四〇〇年頃から、中国地域は、アッシリアと交渉を持っていたことが知られています（平凡社『世界大百科事典』、他）。紀元前一二〇〇年頃には、中国はアッシリアに使節を派遣しています。

B. C. 139年頃、漢の武帝の時代に、使者（張騫）を大月氏の国（現在のアフガニスタンあたり）に遣わした。（敦煌出土の張騫の絵）

また紀元前一三九年頃、漢の武帝《ぶてい》の時代には、使者（張騫《ちょうけん》）を大月氏《だいげっし》の国（現在のアフガニスタンあたり）に遣わしたという記録があります。

紀元前一〇一年、中国は、中央アジアのアラル海からバルハシ湖南方の国々――大宛《フエルガナ》、烏孫《ウソン》、康居《コウキヨ》などを征服しました。さらに西暦六七年の後漢《ごかん》の明帝《めいてい》の時代には、これらの国々と同盟を図って、そののち大月氏の国を破っています。そして中央アジアの約五〇ヶ国をすべて征服したと記録にあります。

西暦一六六年には、ローマ皇帝マルクス・アウレリウスは、海路から中国（漢）に使節を遣わして、交通させています。このように非常に早い時代から、アッシリア地域と中国との間に交易があったのです。

したがって、中国にも基督教や様々な文化・宗教が早くから入ったことは、疑う余地がありません。

中国にはまた、開封《カイフオン》に、紀元前の時代からユダヤ人コミュニティがあったことが知られています。このことは、当時のアッシリアの人々や、インドのユダヤ人コミュニティの間でも知られていました。すでにシルクロードを通して、これらの地域間に交流があったからです。トマスが中国へ伝道に行ったのは、彼がそうしたことを耳にして、同族への伝道を志したからと思われます。

当時ユダヤの商人たちは、ローマと中国の間に絹織物の取引をなすために、ラクダの隊商を組んで旅をしていました。今日も中国・北京の博物館には、当時のユダヤ商人たちが、ラクダに乗って中国にやって来たことを示すものが展示されています。トマスは、そのラクダの隊商に従って、中国に入ったのでしょう。

中国やチベット方面に、基督教が早くから入っていたことは、次のことも示しています。西暦一七〇〇年頃記された中国の古文書『神仙綱鑑《しんせんこうかん》』の中で、その著者、道教《どうきょう》の僧・徐道《じょどう》が、西暦一世紀頃の中国の記録を紹介しています。

それによると、後漢の光武帝《こうぶてい》（在位二五〜五七年）の時代に、チベットの人々が中国に侵入しました。中国はこれを撃退しましたが、このときチベットの人々は、イエスに関する話を残して去ったというのです。

その話とは、中国から西におよそ三年間旅をし、中国の距離の測り方で一九万七〇〇〇里行くと、ある国に達する。そこでは辛酉《しんゆう》元年（西暦一年）に、マリヤという処女が、天の神の示しを受けて子をはらんだ。彼女は子を産むと、布に包んでまぶねに寝かせた。そのときすべての天使が音楽をもって空中を満たした……というものです。それで徐道は、

「トマスは中国に来る前に、チベットにも福音を伝えているかと思われる」

と書いています。

景教もアッシリアで生まれた

さて、しばらく時代が進んで五世紀になると、「景教《けいきょう》」と呼ばれる基督教が、アッシリア地域で栄えました。これはアッシリア東方基督教です。それがやがて中国にまで伝わり、中国人はそれを「景教」と呼びました。

景教は、しばしば「ネストリウス派基督教」と言われることもあります。しかし、詳しいことは後述しますが、この名称は適切ではありません。ネストリウスは、景教徒たちのリーダーの一人ではありましたが、教祖ではなかったからです。景教は新しい宗派の名前ではなく、むしろ使徒トマス以来の原始基督教の流れを汲むものです。

「景教」は東方基督教の一つです。「東方基督教」には、ギリシャ正教会やロシア正教会などのいわゆる「東方正教会《オーソドックス》」、および、景教などの「東方諸教会」とがあります。景教はその中の一つでしたが、一時は東方世界で最大の勢力を持ちました。

東方正教会が西方教会（ローマ・カトリック）と分離したのは、一一世紀のことです。これに対し、景教と西方教会の分離は、それよりずっと早く、五世紀に起こりました。

景教徒は、非常に伝道熱心な人々でした。彼らは、東方へ東方へと伝道に行きました。彼らは文化的にも高い人々で、とくに医術に関する高度な知識を持っていました。薬草や、果物の効用、薬物などに関する深い医学的知識がありました。手術に伴う高度な技術も有名でした。

そのために、彼らは周囲の人々から深く尊敬され、幅広く影響を与えたのです。

景教徒の医学的知識の高さは、東方世界ではよく知られていました。たとえば先進医学で知られた地、ササン朝ペルシャ領内のジュンディーシャープールにおいて、景教徒ジュルジースは病院長を務めていました。

その医学的名声のゆえに彼は、イスラム帝国が興ったときも第二代カリフ（イスラム教最高指導者）の宮廷に召し抱えられ、その侍医《じい》となったほどでした。第五代カリフの侍医イブン・マーサワイフも、景教徒でした。

景教徒は、アラブ世界においてさえ重んじられ、活躍していたのです。膨大なギリシャ哲学や、科学の文献――プラトン、アリストテレス、ユークリッド、プトレマイオス、ガレノス、ヒッポクラテスなどをアラビア語に翻訳し、イスラム世界に紹介したのも、フナイン・ブン・イスハーク（八〇八～八七三年）、その他の景教徒たちでした。

カリフがバグダッド（現イラク首都）に建設した科学研究機関「バイト・アルヒクマ」（アラビア語で「知恵の館」）において、研究員を務めた人々の大部分は景教徒でした。彼らの功績を通し、アラビア科学が大発展しました。当時バグダッドには、街に書店が一〇〇もありました。

このアラビア科学は、のちにヨーロッパにも巨大な影響を与えます。地動説の産みの親コペルニクスも、アラビア科学を学んだ人でした。中世のヨーロッパ文明の発展は、アラビア文明の影響を抜きにしては語れません。

同様に、じつはその後の中国・唐やモンゴル帝国の文明の発展など、東洋文明の発展——とりわけ日本文化の発展においてさえも、その背景に、じつは景教徒たちの多大な功績がありました。それについては後述します。

東方基督教——景教ははじめ、アッシリア、ペルシャ地域に広まり、その後さらに中央アジアから南アジア、シベリア、東アジア方面へと広がっていきました。やがて西アジアから中国に至るシルクロードの大都市すべてに、景教の教会がつくられました。

景教徒はまた、ユダヤ人と同様に、絹織物業や絹の交易も盛んに行なっていました。ヨーロッパの絹織物業の発達は、六世紀の中頃、二人の景教僧が蚕の卵を杖の頭に隠して運び、時のビザンチン皇帝ユスティニアヌス一世に献上したことに始まると、言い伝えられています。

西暦八〇〇年頃、東方世界の基督教徒の数は、じつは同時代のヨーロッパの基督教徒の数より多かったほどです。当時の世界において、エルサレムの東側の地域（中近東～東アジア）にいる基督教徒の数は、その西側の地域（ヨーロッパ等）にいる基督教徒の数を上回っていました。

こう言うと多くの人々は驚きますが、事実なのです。景教は、非常な勢いで東方世界に拡大していったからです。ですから、古代・中世における東洋について知るには、景教について知らなければなりません。

じつは景教は、私たちが思う以上に、東洋の文化と宗教に計り知れない影響を与えています。

秦氏の出身地「弓月」国

初期の景教徒たちは、もともとアッシリアの地域から東方世界に広がった人々でした。一方、「秦氏」と呼ばれる、古代の日本に来た渡来人の大集団も、もともとはアッシリア、あるいはペルシャの近くが出身地でした。そこは東方基督教の拠点だったところです。

秦一族は、中国人が「弓月《ゆづき》」と呼んだ中央アジアの国から、シルクロードをたどって東にやって来ました（『新撰姓氏録《しんせんしょうじろく》』）。「弓月」は日本語では「ゆづき」と読みますが、中国語では「クンユエ」（Kung-Yueh）と発音されました。

この国は、現在の中国西端の外側、バルハシ湖の南、イリ川付近にありました（六五一～六五五年頃に滅亡）。それは、秦の始皇帝が築き始めた「万里の長城」の向こう側の地域です。クンユエ国（弓月）のことは、中国の史書にも記されています（『資治通鑑《しじつがん》』）。

佐伯好郎教授によれば、これは小国とはいえ、基督教国でした。西アジアや中央アジアの多くの国々は、早くから基督教国となっていたことが知られているからです。二世紀くらいから、すでに基督教国となっていました。

彼らは原始基督教を受け入れ、東方基督教の教会を形成していました。彼らは遊牧民でしたから、広い範囲にわたって移動しました。そして最後に日本にやって来て、そこに定住したのです。

弓月国の民・秦氏は、中央アジアから中国・朝鮮半島を経て、
大挙、古代の日本に集団移住してきた。

秦氏の故郷・弓月とシルクロード

秦一族は、本当に不思議な人々で、多くの謎があります。しかし間違いなく、日本の歴史と文化に、巨大な影響を与えました。秦氏は古代の日本に来た渡来人の中でも、その文化の高さと人数の多さにおいて、突出していました。

以前、中央アジアなどに仕事でよく行く日本人の方が、こう言っていました。

「日本人のルーツを知りたければ、シルクロードの真ん中に立つことだ。そうすれば、日本人がどこから来たかわかるよ」

まさに、秦氏の故郷は、シルクロードの真ん中あたりにあります。実際、別のある日本人が、イスラエルから出発し、シルクロードを旅して日本に帰って来ました。真っ黒に日焼けした彼は、こう言っていました。

「中央アジアに来たとき、なんとなく日本がすぐ近くに見えてきた感じでした。距離的にはまだ、かなり離れているけれども、文化的、民族的にすぐ近くに来た感じだったのです。ああ、日本人の祖先もここを通ったんだな、と思いましたよ」

現地を旅すると、そういうことが感覚的にわかるのですね。

さて、古代において中国の皇帝たちは、征服した周囲の多くの民族を使役して、次々と万里の長城の建設にあたらせました。中央アジアなどの民も、そのために駆り出されました。

その苦役《くえき》に耐えかねて、多くの人々が朝鮮半島や日本に逃げてきたのです（好太王《こうたいおう》の碑文、『後漢書』の東夷伝《とういでん》　共に五世紀）。クンユエ（弓月）の人々も、万里の長城建設の苦役に耐えられず、満州を経て朝鮮半島に逃れました。

朝鮮半島でも彼らは苦境に追い込まれましたが、それを助けて保護してくれたのが、日本の天皇でした。こうやって日本にやって来たのが、秦氏です。日本は、彼らにとって「辺境の地」というより、むしろ別天地でした。秦氏は自由を求めて、日本の地にやって来たのです。

当時、日本は自由の地、新天地とみられていました。

また秦一族は〝背の高い人々で、衣服を清潔にし、特別な言語や風俗を持つ人々〟であり、また〝王は馬に乗り、高い文化を持つ人々であった〟と中国の史書に述べられています（『三国志』魏志東夷伝　三世紀）。

この〝衣服を清潔にし〟というのは、とくに古代東方基督教徒や、ユダヤ人などに見られる特徴です。昔のヨーロッパ人や中国人は、清潔にはほとんど注意を払いませんでした。彼らの多くは一生、風呂に入ることもなく、衣服を洗うこともなかったのです。

しかし秦氏は違いました。彼らは清潔好きでした。日本人は清潔好き、風呂好きと言われますけれども、そうした日本人の特徴は彼らから来ているようにも思えます。

日本にやって来た秦氏の人々は、今私たちが思い浮かべる中国人系の顔とは違う顔をしていたでしょう。日本の歴史の本を見ると、秦氏は中国や朝鮮半島からやって来たと書いていますが、それらは単なる経由地にすぎませんでした。秦氏はもともと、もっと向こう――中央アジアからやって来たのです。

古代においても、民族の移動はかなり大規模に行なわれていたのです。いや、今以上にあったと言っていいでしょう。今の世界はかなり国境が確定していますから、国境を越えて動く旅行者はいても、民族の移動ということはほとんどありません。

しかし昔は、大規模な民族移動があちこちであったのです。

景教徒はアラム語を話した

こうしたことを考えてみると、秦氏の故郷「弓月《ゆづき》」（クンユエ）は中央アジアに位置しているというものの、もっと昔について言えば、そこの人々はじつはさらに西の方――中近東、つまりアッシリア方面から来たのではないか、という推測も出てきます。

私は「東京アメリカン・クラブ」の役員をしているのですが、以前、雅楽で有名な方をお呼びして、そこでコンサートを開いたことがあります。するとその方の紹介文には、秦氏の出身だと書いてありました。いろいろ彼とお話ししました。彼のお母さんや妹さんも同席して、楽しいひとときを持ったのです。そのときお母さんは、私に、

「ご出身はどちらですか?」

と聞きました。さらに、どこの港から来たかとか、職業についてとか、いろいろ質問なさるのです。一連の質問に私が答え終わると、「そうですか!」と感心してくれた感じで、どうも私は〝きちっと答えた〟ようなのです。

するとお母さんは奥に行き、自分の系図を持ってきて、私に見せてくれました。秦氏の系図です。お聞きしてみると、秦氏はもとは中近東が出身地だろうとのことでした。そして私に、

「私たちは同じ出身地ですね」

と言ってくれたのです。また秦氏出身者の集まりが年に二回、京都の太秦《うずまさ》と兵庫県の坂越《さこし》であるとのことで、私も誘っていただきました。

ここに、大きな不思議があります。多くの人は外見を見て、私と普通の日本人とはまったく違うように思います。しかしよく調べてみると、私のルーツと日本人のルーツが、中近東――アッシリア方面でつながっているようなのです。

そこで、アッシリアという地域について、もう少し詳しく見てみましょう。

アッシリアの人々は、「アラム語」を話す人々でした。アラム語といっても、日本では知らない人が多いかもしれません。しかしアラム語は、ユダヤ人や、古代基督教徒にとっても非常に関係の深い言葉です。そしてそれはもともとアッシリア人の言葉なのです。

アラム語はヘブル語に似ていて、ヘブル語とは兄弟言語であると言われます。今日、英語が世界公用語であるように、アラム語は古代の東方世界における公用語でした。シルクロードを旅する商人たちも、アラム語を話していました。

アッシリア帝国のあとに中近東に君臨したバビロン帝国でも、アラム語が話されていました。ユダヤ人はそこに捕囚されたことがありますから、その後の時代のユダヤ人の多くは、アラム語を話していました。ペルシャ帝国でも、官庁の公用文書はアラム語でした。

イエス・キリストも、アラム語を話しました。新約聖書に出てくるキリストの言葉、「エパタ」（マルコの福音書七・三四「開け」の意）

は、アラム語です。富を意味する「マモン」（マタイの福音書六・二四）、父を意味する「アバ」などもアラム語です。キリストの話した言葉と、私の先祖の話した言葉は、同じアラム語だったのです。

つまりアッシリア人の言葉と、ユダヤ人の言葉は同じでした。また、景教徒と呼ばれるアッシリア東方基督教徒たちの拠点であった都エデッサと、その付近で話されていた言葉は、「シリア語」と呼ばれますが、これはアラム語の方言なのです。そして、このアラム語に起源をもつ言葉が、日本語にもたくさんあるのです。

日本語になったアラム語

中国には、昔の唐の時代の景教の繁栄を記した、「大秦《だいしん》景教流行中国碑」という有名な古代碑があります。これはシリア語、つまりアラム語の方言と、漢文の両方を使って記された碑です。

昔、日本語の「県」は、「けん」ではなくて「あがた」と読みました。そして地方のリーダーを「県主《あがたぬし》」と言いました。一方アラム語やヘブル語では、「県」すなわち集団のことをアグダ、また「主」すなわちリーダーのことをナシと言います。よく似ているのです。

ちなみに秦氏系氏族の賀茂《かも》氏（鴨氏）は、京都・山城《やましろ》（旧名・山背。平安京以降は「山城」）の葛野《かどの》（損野）の県主でした。そして賀茂氏は、宮内省所属の宮司も務めていました。また、この前あるユダヤ人がこう言っていました。

「日本の古都に奈良があるけれども、『ナラ』はヘブル語やアラム語、シリア語で川の意味だね」

そういえば、奈良文化は大和川、吉野川、飛鳥川など、川の流域にできた文化でした。さらに、飛鳥《あすか》の地に天皇の宮がありましたが、ヘブル語、アラム語、シリア語で「ハスカ」と言えば、それは「御住居」の意味です。

一方、古代の日本人の称号としてしばしば現われる「麻呂《まろ》」も、佐伯好郎教授によればもともとシリア語、つまりアラム語です。「柿本人麻呂《かきのもとのひとまろ》」（七世紀の歌人）というようなときの「麻呂」ですが、これは後には「丸《まる》」ともなりました。「牛若丸《うしわかまる》」（一二世紀）というように。これはアラム語で「閣下」「殿様」“Sir”などの意味です。

インドにある聖トマス教会は、「マル・トマ」教会と呼ばれています。この「マル・トマ」はアラム語で、「トマ」はトマス、「マル」は麻呂と同じく「先生」とか「聖」の意味です。

また景教の教会では、今も大主教は「マル・○○」と呼ばれています。今も全世界に、約一○○の景教教会があります。私も父も、アッシリア東方教会（景教）の大主教「マル・ディンカ」師を知っています。この「マル」は麻呂と同じ意味です。

アラム語で「父」を「アバ」と言うと書きましたが、じつはこの前、青森県出身の人に聞いたところ、青森弁でも地域によって「父」あるいは「親」を、「アバ」と言うそうです。ほかにも、東北弁にはアラム語起源と思われるものが多い気がします。

私は以前、講演のために東北に招かれて行ったとき、こう言ったことがあります。

「みなさん、方言というのは、なまっているのじゃなくて、もともとその地方に来た渡来人たちの言葉だったんですよ。それが伝わっているのです。だから、大切にしてくださいね」

聴衆は笑いました。少しオーバーな言い方だったでしょうけれども、真理も含まれていると私は思っています。このように、古代の日本にもアラム語が入っているようです。それはもともとは外来語でしたが、当時のハイカラな人々は、それを使うことを好んだのでしょう。

私は日本語を話します。けれども日本語は、長いあいだ外国語のような気がしていました。どちらかというと、英語が私の言葉だからです。しかし日本語の中に、私の先祖が使っていた言葉が混ざっていることを知ったとき、以前にもまして日本語に親しみがわいてきました。

第2章　自由を求めて古代日本に来た秦一族

ザビエルは「初めて日本に基督教を伝えた人」ではない

カトリック・イエズス会の宣教師フランシスコ・ザビエルは、一五四九年に日本にやって来ました。日本の多くの人は、初めて基督教《キリスト》を日本に伝えた人はザビエルだった、と思っています。ザビエルについて書かれた日本の本などを読んでみても、「最初に日本に基督教を伝えた人」などという肩書が、しばしばザビエルに冠せられています。

しかしザビエルは、日本に初めて基督教を伝えた人ではありません。実際、彼自身、そう思っていなかったのです。ザビエルは日本に行く以前から、日本にはすでにある種の基督教が伝えられていたと、考えていました。

ザビエルは、マラッカ（マレーシアの港町）で日本人・弥次郎（アンジローと呼ばれていた）に会い、日本の宗教や風習についていろいろ聞きます。そして、日本では仏教というものが信じられているけれども、よく聞いてみると、日本の仏教は様々な面で基督教に似ている、また混合していると気づくようになります。

また弥次郎から、日本のある大名は十字架のマークをつけている、ともザビエルは聞きます。そのほか様々なことを聞いて、ザビエルはある確信を抱くのです。

ザビエルは一五四九年一月──来日の約七ヶ月前ですが──弥次郎から聞いたことをもとに、ヨーロッパやインド宛てに手紙を書いています。それは、共にいたランキロット宣教師に書かせたものですが、その結論部はこうです。

「福音《ふくいん》はすでに日本において語られていると思われます。しかしその光は、今は彼らの罪と、異なる教えとによって、薄暗いものとなってしまっています。私がこれを書いている間にも、アルメニア人（アッシリアの近く）主教が来て、いろいろ教えてくれました。

彼は中国など東アジアの地で、四〇年も宣教を続けてきた人です。彼は、かつて基督教の初期の時代に、アルメニア人（古代基督教徒や景教徒《けいきょうと》たち）が中国にやって来て、多くの人々をキリストに導いたのだ、と教えてくれました。もし、真の信仰の光がこの地域にもたらされたことがあるなら、もう一度その光をそこにもたらすことは、大変すばらしいことです」

（コチンから、ローマのイグナチオ・ロヨラ宛て。http://www.keikyo.com/books/xavier.html）。

このようにザビエルは、自分は初めて日本に基督教を伝えに行くのではなく、むしろ、昔そこに伝えられたことのある基督教を再び燃え上がらせるために行くのだ、という自覚を持っていたことがわかります。

ザビエル以前から、多くの基督教徒が日本にいました。しかし、中には異教と混合したり、すでに形骸《けいがい》化したり、信仰が薄くなっている人々も多くいました。

そこにザビエルがやって来ました。カトリック・サレジオ会のマリオ・マレガ神父によれば、ザビエルは日本に来て十字架を発見しました。それはザビエルよりも一〇〇〇年も前の十字架だったのです。

こうしたザビエル以前の日本の基督教については、近代の代表的基督教社会運動家、賀川豊彦《かがわとよひこ》（一八八八～一九六〇年）なども、著書の中に書いています。

ザビエルも同胞探しをしていた

ザビエルにはもう一つ、ある種の謎があります。本書では詳しく扱うことはできませんけれども、作家の司馬遼太郎《しばりようたろう》氏が、亡くなる前に一番関心を持っていたのが、ザビエルと日本の関係でした。司馬氏はそれを調べるために、はるばるザビエルの生まれ故郷――イベリヤ半島の小国ナバラ王国のあったハビエルにまで行っているのです。司馬氏は街を歩きながら、何か感じたようでした。ザビエルはなぜ日本に来たのか。

ザビエルは、バスク人でした。バスク人は謎の民族と言われ、遠い昔に世界に離散した民族です。これは離散の民であるアッシリア人や、ユダヤ人と同じです。ザビエルが海外宣教に出て、さらに日本にまでやって来たのは、どうも自分の同胞、そして先祖を探してではなかったかと思えるのです。

つまり、ザビエルも自分のルーツを探していた。

聖フランシスコ・ザビエル像。フランシスコ・ザビエルが東洋に宣教に向かったのは、自分のルーツ探しでもあった。（神戸市立博物館蔵）

彼はインドのゴアで景教徒に出会います。そして景教徒とバスク人の関係に興味を持ちます。さらに、日本にまでやって来る。その前に、弥次郎からいろいろ日本について聞きます。また日本に行ったことのある商人たちなどからも、いろいろ聞き出すのです。

たとえば今でも、北朝鮮から亡命者などがあると、人々はいろいろ北朝鮮の内情を聞きたがります。それと同じで、当時日本は謎の国だった。ザビエルはその日本に興味を持ったのですね。

ひょっとしたら、その日本は、自分のルーツ＝バスク人と何らかの関係があるのじゃないか――ザビエルはそんなことも考えたのではないか、と思います。

表面的には布教という目的もありましたけれども、わざわざ極東の島国にまで危険をおかしても行きたいと強く願ったのは、そういうルーツ探し、同胞探しという動機が根底にあったように思えるのです。

私が、秦氏や景教徒など、古代基督教徒を詳しく調べたのも、学問的興味というのではありません。それは私のルーツ探しでした。私の実存《じつぞん》に関係したことだったのです。

私がまた読者に願っていることは、読者もこの本をきっかけとして、自分のルーツ探しに出てほしいということです。その先祖は仏教かもしれないし、神道かもしれない。あるいは別のものか、無宗教かもしれない。

また民族的にいえば、それはきっとあなたにとって意外な民族ではないかと思います。しかし、それはシルクロードに関係しているに違いないのです。

ザビエル以前の日本には仏教しか伝来していない？

ザビエルが弥次郎らの話をもとに書いた先の手紙にも見られるように、非常に早い時代に、アッシリア方面から、中国や東アジアの国々へ、古代基督教徒や景教徒たちがたくさんやって来ていました。

またシルクロードは、ユダヤ教徒や、イスラム教徒、ゾロアスター教徒、マニ教徒、また仏教徒など、様々な人々が行き来していました。

シルクロードは、すでに人も物も頻繁に往来する道となっていました。主要な陸路は三つ（天山北路、天山南路、西域南道）、また海路もありました。中近東方面から、東アジアにのびるシルクロードが、紀元前の時代から開拓されていたのです。その主な開拓者は、ユダヤ人、のちには古代基督教徒、そして景教徒たちでした。

彼らは何千キロ、何万キロもの距離を歩いて、あるいはラクダなどに乗って旅をしました。とくに景教徒たちは、部族ごと移動して東へ東へと旅をしました。

そのシルクロードの終点は、奈良だと言われます。奈良の正倉院《しょうそういん》に行けば、三世紀以降、八世紀頃を中心として大陸からもたらされた様々な遺品が収蔵されています。その中には、ペルシャ方面からもたらされたものが、たくさんあります。

ラクダの描かれているものがあり、クジャクやゾウの描かれたもの、ペルシャの琵琶《びわ》の描かれたもの、また中近東の人々の顔をした面などがあったりします。その収蔵品の数々を見れば、約九〇〇〇キロものかなたから、非常に多くのものがシルクロードを通って日本にやって来ていたことがよくわかります。

こんなに様々なものが日本にやって来ているというのに、基督教だけはザビエル来日の一五四九年まで入らなかった、などという話がいったいあり得るでしょうか。

私はある時、仏教大学のある教授の講演会に出席したことがあります。その方は、

「ザビエル以前の日本には、仏教しか来ていません」

とおっしゃっていました。それで私は質問したのです。

「ザビエル以前の時代に、中国には、シルクロードを通って様々な人種、様々な宗教、様々な文化が流入していました。たとえば長安《ちょうあん》の都には、様々な宗教の寺院が軒《のき》を並べて建っていましたし、そこは様々な人種と様々な文化の交流する大国際都市でした。

当時の中国には、仏教徒だけではなくて、基督教徒や、イスラム教徒、ゾロアスター教徒、マニ教徒、

その他いろんな人たちがやって来ていたわけです。日本にも、様々な文化、様々な人々がやって来ていました。奈良の正倉院などを見れば、ペルシャの方などからたくさんのものや人がやって来ていたことが、わかるわけです。そうですよね」

と言うと、「そうです」と彼は言いました。それで私は、

「なのに、なぜ日本には仏教だけが入って来たと言うのですか」

と言うと、それでも彼は「いや仏教だけです」と言う。私は言いました。

「中国大陸と日本の間には、当時から人にしてもものにしても豊かな交流がありました。日本にも当然、様々な宗教、様々な文化の人々がやって来たはずです。彼らは日本に上陸した途端、『はい、今日から私は仏教徒です』と言って、その日からみな仏教徒になったのですか」

と。会場からは笑いがもれました。彼はそれでも自説を曲げませんでしたが、私には会場の人々の方がわかっているように思えました。

「日本には仏教しか入って来ていない」――これが今の日本人の一般的な歴史観なのでしょう。日本人は、そう教えられてきたのです。様々な文化、様々な人種が昔から日本に入って来ているのに、宗教だけは仏教だけが入って来たと思っている。

私は仏教を否定しているのではありません。しかし、日本に入って来たのは決して仏教だけではないのです。様々な文化、様々な宗教が入って来ていた。

以前、知事をしているある方とお話ししたとき、彼はこんなことを教えてくれました。

あるとき銀座を歩いていたら、向こうから自分のお母さんに似ている人が歩いて来た、というのです。

しかしよく見ると、それは中国人だった。またしばらくして、今度は自分のお父さんに似ている人が歩いて来ました。ところがよく見ると、それはインド人だったという。

これは興味深い話だと、思いました。日本にはやはり昔から、いろいろな民族、文化、宗教が入ってきている。人の顔もそれを語っていると思います。

また、日本画家として有名な平山郁夫《ひらやまいくお》さんとも、以前お話ししたことがあります。平山さんは、シルクロードを歩く仏教徒の絵をたくさん描いています。私はそれを不思議に思って聞きました。

「なぜシルクロードを歩く仏教徒の絵が多いのですか。シルクロードを旅したのは仏教徒だけじゃなかったはずです」

平山さんは、

「その通りです。仏教は、ほんの一部にすぎませんでした」

と認められました。さらに、

「それについてもっと知りたければ、江上波夫《えがみなみお》先生に聞きに行ったらいいですよ」

と、江上教授を紹介してくださいました。こうして私は、私の父と共にそののち江上教授に会い、直接いろいろお聞きすることができました。江上教授は、景教研究で世界的に有名な佐伯好郎教授の弟子です。

日本に大集団で来た原始基督教徒

かつて佐伯好郎教授は、日本に初めて基督教が伝わったのは、古文書から知れるところでは、（遅くとも）西暦一九九年頃だと書きました。

日本の古文書『新撰姓氏録《しんせんしょうじろく》』は、仲哀《ちゅうあい》天皇（第一四代）の第八年に、「弓月《ゆづき》」国の王「巧満《こうまん》」が日本の朝廷を公式訪問した、と記しています。「弓月」（クンユエ）という国は、先に述べたように、中央アジアにある一基督教国でした。

彼らは、景教が成立する前の原始基督教徒です。後述しますが、弓月からやって来た彼らには、多くの基督教的な特徴が見られます。

彼らは、はるか中央アジアのその国からやって来た。その年「仲哀天皇の第八年」は、伝統的な理解では西暦一九九年（または一九八年）にあたります。二世紀には、すでに基督教が日本に入っていたというのです。

ただし、今日の歴史学者の多くは「仲哀天皇の第八年」を、一般に四世紀後半頃と見ています。一説には三五六年とされます。だいたい五〇〇年以前の天皇の年代は、伝統的理解と今日の歴史学者の意見との間に、少し開きがあります。

いずれにしても、遅くとも四世紀までに基督教徒は日本に入っていたことになります。さらに、記録に残されていないものもあったに違いないことを考えれば、基督教はもっと早く日本に入っていたでしょう。仏教は、五三八年に日本に入ったと言われています。これは正式な記録ですけれども、実際には仏教も、もっと早く入っていたかもしれません。

重要なのは、仏教だけでなく基督教も、日本に非常に早い時代から入っていたということなのです。そして現代の日本人が思っている以上に、基督教は古代の日本に大きな影響を与えていました。

さらに、じつは日本の応神《おうじん》天皇（第一五代）の第一四年に――これは先の巧満王の来日の八四年後にあたりますが――弓月国の功満王の子が大集団を率いて、日本に渡来しているのです。

伝統的理解では、これは二八三年頃、あるいは最近の歴史学者の意見によれば、五世紀前半になります。また、そののち雄略《ゆうりやく》天皇の時代（五世紀後半）に、彼らの人口を数えてみると「一万八六七〇人」いたといいます（『新撰姓氏録』）。

約二万人もいた。当時の二万人といったら、それは大集団です。民族大移動といってもいいでしょう。彼らははるか弓月の国からやって来て、日本に帰化したのです。部族ごとやって来て、日本人となりました。『日本書紀』や、中国の歴史書に、はっきりそう記されています。

陸を越え、海を越えて、はるかかなたから大集団が日本にやって来た。彼らがいわゆる「秦氏《はたし》」（秦一族）です。だから秦氏のことを思うと、大きなロマンを感じるのです。

記録によれば、彼らの大半は養蚕《ようさん》と絹織物業にたずさわっていました。シルクロードにおける絹の交易は、ユダヤ人または基督教徒がほぼ独占していたものです。

そしてこのハタ氏が入ってから、「機織り」（ハタ織り）という言葉が、人々の間で使われるようになったのです。今は「機織り」という漢字を当てはめていますけれども、「機」は本来「ハタ」とは読みません。秦氏の人々がやって来て「ハタ織り」という言葉ができ、それに「機織り」という当て字が使われるようになりました。

有名な京都の「西陣織《にしじんお》り」なども、秦氏が始めたものです。

秦氏は日本に来てから、今で言えば大蔵省、外務省、通産省、その他をまかせられるようになります。彼らはまじめな人々で、能力ある人々でした。お金をあずけても、安心してまかせられる。ウソをつかない。

それで、様々な分野で活躍するようになります。日本人は勤勉だとよく言われますけれども、秦氏はそうした日本人の性格をつくった人々なのかもしれません。また彼らは、蘇我《そが》氏や、物部《もののべ》氏のように権力争いをすることがありませんでした。

秦氏は日本の文化に大きく貢献しています。京都で難しい水利工事をやってのけたのは、秦氏の技術でした。「和紙」をつくったのも、秦氏だったようです。和紙の製造にかかわる人には、圧倒的に秦氏が多かったことが古い記録にあります。

彼らは、芸術の分野でも大活躍しました。秦久麻《はたのくま》、秦連稲村《はたのむらじいなむら》、秦稲守《はたのいなもり》、秦堅魚《はたのかたうお》などは、絵師として有名です。文学の分野でも活躍し、『万葉集』には秦忌寸八千鶴《はたのいみきやちづる》、秦田麻呂《はたのたまろ》、秦許遍麻呂《はたのこへまろ》、など数多く出てきます。

能で有名な世阿弥《ぜあみ》（一三六三?～一四四三年?）なども、秦氏の人です。雅楽の基礎をつくったのも秦氏でした。

秦氏がやって来た応神天皇の時代には、ほかにも大小様々の渡来人グループがやって来て、帰化しています。倭漢直氏《やまとのあやのあたいし》がやって来て大和に住んだのも、この頃です。

ボツになりかけた原稿

以前私は、基督教は日本に、遅くとも今から一六〇〇年前ないし一八〇〇年前には入っていた、ということを原稿に書きました。

するると、出版社の編集長が、

「これはちょっと入れられませんねぇ。歴史的根拠がないですから」

と言うのです。編集長の頭の中には、基督教はザビエルによって初めて日本にもたらされたものだ、という既成観念がありました。でも、私は自分の主張に確信がありましたので、食い下がりました。すると編集長は、

「そこまで言うのでしたら、江上波夫先生に聞いてみましょう。江上先生は、私が東大で学んでいたときの先生でしたから」

と言って電話してくださったのです。その電話で、江上先生は彼にこう言ってくださったそうです。

「ケンの考えは、私の考えとは若干の違いがありますけれども、否定はできません。また、もう一つケンに伝えてください。二世紀に日本に入って来た基督教は景教じゃなくて、原始基督教が直接入って来たものです」

これは私にとって、大きなメッセージとなりました。こうして、ボツになりかけていた私の原稿は救わ

れることとなったのです。

多くの人は、ザビエルのときに初めて基督教が入ってきたと思っています。それだけでなく、それまでの日本は外部とはほとんど交流のない、孤立した国であったかのように思っています。しかし、ザビエルよりも一〇〇〇年以上前に、様々な渡来人が日本にやって来ました。

宗教も基督教だけではありません。様々な宗教が日本に入って来たに違いないと、私は思うのです。たしかに徳川時代――鎖国時代の日本は孤立していました。しかしもっと前の時代、古代の日本は、非常にオープンで、多種多様な民族、文化、宗教が入って来る場所だったのです。これは、日本というもののルーツを知る上で、大変重要だと思います。

以前、京都のある学校で私が講師として呼ばれたとき、講義の中で、私は学生たちにある宿題を出しました。

「基督教はいつ日本に入ってきたか、それを調べてください」

すると生徒たちは、いざ自分で調べるとなると、既成観念にとらわれないのですね。日本には信憑性《しんぴょうせい》のある歴史はほとんどない、というところから彼らはスタートしました。そして日本以外のこと――たとえばシルクロードとか、古代のアジアの貿易ルート、その他いろいろなことを調べ始めました。そののち、彼らは言ったのです。

「キリストの弟子たちは、インドには西暦五二年に、中国には六四年には入っていました。また当時は、ものにしても人にしても、中近東と東アジアの間には様々な行き来がありました。それならば、基督教が日本に入るのに、一五〇〇年もかかったというのは、どう見てもおかしいです。

二世紀に入ったというのでさえ、遅すぎるくらいだと思います。記録に残っていないものも考えれば、一世紀のうちに――たとえば西暦七〇年前後に日本に基督教が入っていたと考えても、ちっともおかしくないと思います」

私はこの答えを聞いて、既成観念にとらわれない人々ほど早く真実を知ることができるのではないか、と感じさせられたのです。

秦一族の基督教信仰

さて今は、記録に残っていることを、もう少し詳しく見てみましょう。

秦氏は、古代の日本に、はるばる中央アジアのクンユエ国（弓月）からやって来た人々だと述べました。彼らは高度な技術力を持つだけでなく、大変まじめな人々でした。そのために古代の日本の財政や産業、土木、外交などの事業において中心的な役割を果たすようになったわけです。

また興味深いことに『新撰姓氏録』によれば、やって来たこの約二万人の秦氏の人々は、「一二七県《あがた》」――すなわち一二七のグループから成っていました（ただし『日本書紀』では一二〇県）。

一方、かつて秦氏の祖国・クンユエが属していたことのあるペルシャ帝国は、一二七の州から成っていました。旧約聖書『エステル記』に、こういう記述があります。

「アハシュエロス（ペルシャの王）は、ホド（インドの西境、インダス川付近）からクシュ（エチオピア）ま

で、一二七州を治めていた」（一・一）

このペルシャ帝国の区分けにならって、秦氏が「一二七」の区分けを用いたとも考えられます。

秦氏の人々はまた、古代基督教の信仰——それもユダヤ的な基督教信仰を持っていたと言われています。それは、どんなことからわかるでしょうか。

イタリアから日本に来たカトリック宣教師、マリオ・マレガ神父は、ザビエル以前の日本にすでに基督教が入っていたことを認めて、それを研究した人でした。彼は一九五二年の東方学会で、歴史学の教授たちを前に、その日本研究の論文を発表しました。

マレガ神父は、秦氏の首長、秦河勝《はたのかわかつ》によって京都の地に六〇三年に建設が始められ六二二年に完成した寺は、もとは仏教の寺ではなく古代基督教の教会であったと書きました。それは、京都の葛野《かどの》の地に建てられました。しかし後に焼失したため（八一八年）、そこから数キロの地点に再建されました。

私の父は、マレガ神父から、その研究をずいぶん教えてもらったそうです。マレガ神父は、焼失前の創建当初の教会は窓がなく、大きな入口が一つだけあり、シンプルな構造で、黒い十字架が一ついていたと書いています（景教など東方基督教では、黒い十字架が用いられた）。

やがてそれは京都、太秦《うずまさ》の地に再建されました。現在は「広隆寺《こうりゆうじ》」（別名　蜂岡寺《はちおかでら》、太秦寺《うずまさでら》、秦公寺《はたのきみでら》）と呼ばれる仏教の寺になっています。けれども、現在の広隆寺は創建当初の建物の面影を残すものではありません。

実際、今の広隆寺を見ると、飛鳥《あすか》時代（五九二〜七一〇年）の建築様式ではありません。つまり創建当初の広隆寺は、現在の広隆寺とは姿形から、あった場所までまったく違っていたのです。江戸時代後期の

儒学者・太田錦城《おおたきんじょう》（一七六五〜一八二五年）は、広隆寺を見たとき、

「寺という名はついているが、仏教の寺ではない」

と述べました。そして彼はその著『梧窓漫筆拾遺』において、広隆寺は中国の長安にある景教寺院、大秦寺に倣《なら》って建立されたにちがいない、と書いています。また、その本尊脇侍《わきじ》が特殊な形態をしているところから、それはもとは景教の神像に違いない、としました。

「メシヤ」が「ミロク」になった

広隆寺といえば、そこに有名な弥勒菩薩像《みろくぼさつ》（半跏思惟像《はんかしい》）があります。広隆寺に行って私も見ましたが、なんとも美しい、柔和な表情をした像です。国宝第一号とのこと。その微笑みは「永遠の微笑み」と言われます。かつてドイツの実存哲学者カール・ヤスパースはこの弥勒像を見て、

「広隆寺の弥勒像には、真に完成されきった人間の実存の最高の理念が、あますところなく表現し尽くされている。……私は今日まで何十年かの哲学者としての生涯の中で、これほど人間実存の本当の平和な姿を具現した芸術品を見たことは、いまだかつてありませんでした」

と絶賛しました。それほどにこの弥勒像には、直感と感性に訴える不思議な魅力があります。読者は、このように広隆寺には弥勒像があるのだから、やっぱり仏教の寺じゃないか、と思うかもしれません。

ところがその弥勒像を見てみると、右手に大きな特徴があります。

現在の広隆寺。これは焼失後に建て直されたものであり、
創建当初はもっと違う形のものだった。

「あれ、この右手の形はどこかで見たことのある形だな」

と思いました。広隆寺の弥勒像は右手をあげ、その手の親指の先と他の指一本とを合わせて、三角形をつくっています。そして他の三本の指を伸ばしています。じつはこのスタイルと同じものが、景教の遺跡中に見られるのです。これはじつは、景教徒がよく使ったシンボルなのです。

中国西部・敦煌《とんこう》で、景教の大主教を描いた壁画が発見されました。オーレル・スタイン卿が、一九〇八年に発見したものです（67ページ）。この景教の大主教の絵は、一〇三六年に封印された洞窟から、景教の書物、その他と共に発見されました。景教の十字架が棒の先、額、胸の三ヶ所にあるのがわかります。

じつはこの絵が発見されたとき、半分くらいは焼けていたので、残りの部分から、はじめ人々は、これはシャカ像か観音像ではないかと思いました。

広隆寺の弥勒菩薩像。

中国西部・敦煌で発見された景教の大主教の壁画(ロンドン・大英博物館蔵)。オーレル・スタイン卿によって1908年に発見された。傷んだ状態だったが、この絵はロバート・マグレガーが復元したものである。
右手の親指と中央の指で三角形をつくり、他の3本は伸ばしている。これは三位一体信仰のシンボルと言われ、広隆寺の弥勒菩薩像の右手にも同様の形が見られる。

敦煌で発見された景教大主教の壁画の原画。傷んだ状態だったが、右手の形や十字架が明確に認められる。1036年に封印された洞窟から、景教の書物を含む多数の書物とともに発見された。

しかしレントゲンで検査したところ、景教の十字架が三ヶ所にあることがわかったのです。絵の中で、右手の形はレントゲンによらずとも、はっきりわかりました。景教の大主教は、右手の親指の先と他の指一本とをつけて、三角形をつくり、残りの三本の指を伸ばしていました。

これは広隆寺の弥勒像と、あまりによく似たスタイルではありませんか。

景教徒は、象徴を好んだことで知られています。彼らはまた、基督教の正統的教義である「神の三位一体《さんみいったい》」（父なる神、キリスト、聖霊の一体性）を信じていました。この右手の形は、その三角形と、その伸ばした三本の指とで、彼らの三位一体信仰を表す二重の象徴であったと思われると、研究家ジョン・M・L・ヤングは述べています。私たちはときどき、手の指二本を伸ばして「Vサイン」などをやります。ちょうどそれと同じように、景教徒にとっては、この手の形は信仰を表すものだったのでしょう。

また、ミロクというのは、何でしょうか。それは仏教における未来の救い主、来たるべきメシヤです。基督教でいえば「再臨《さいりん》（再来）のキリスト」によく似ています。

『弥勒下生経《げしょうきょう》』によると、ミロクが出現するとき、世界には盗賊、悪人はいなくなり、水難、火難、戦乱、飢饉《ききん》、疫病の難もなくなる、とされています。しかしこれは、キリストが再臨して地上に至福の「千年王国」をうち建て、そこにはもはや盗賊、悪人、水難、火難、戦乱、飢饉、疫病の難はなくなる、という聖書の教えによく似ています。

ミロク思想は、じつは四世紀のインドにおいて生まれました。これはちょうど、基督教がインドにおいて急速に勢力を伸ばしていた時期にあたります。

じつは当時、インドの仏教はつぶれかかっていたのです。一世紀後半からインド方面で急速に成長した基督教のために、仏教寺院は寂しいものになっていました。危機感のつのった仏教徒らは、基督教的メシヤに対抗し得る仏教的救い主を求めました。

当時はまた、ペルシャの宗教も盛んにインド方面に影響を与えていました。こうして基督教やペルシャの宗教のメシヤ思想が仏教の中に入って、マイトレーヤの思想、すなわちミロク思想となったのです。

有名な比較宗教学者エリザベス・A・ゴードン女史も、豊富な検証に基づき、こう述べました。

「インドのマイトレーヤは、中国ではミレフ、日本ではミロクで、これはヘブル語のメシヤ、ギリシャ語のキリストである」

京都大学の池田栄教授は、中国の景教徒の間ではキリスト（メシヤ）とミロクは混同されることもあった、と書いています。つまり、秦氏の寺にミロク像が置かれたことは、そうした背景からも考えることができます。

秦氏の人々は、仏教をあからさまに排斥することはしませんでした。彼らはミロク像を通して、そこにメシヤ・イエスの姿を見ていたに違いありません。

「ウズマサ」は本尊名

広隆寺にはまた、「十二神像」と呼ばれているものがあります。それらの像を見てみると、中国人やインド人の人相ではなく、服装もまったくローマ人らしいと言われています。つまりそれを見ていると、シルクロードが見えてくるのです。

この広隆寺を創建したのは、秦河勝という秦氏の首長です。秦河勝は、異例の出世をした人でした。彼は聖徳太子《しょうとくたいし》に認められ、太子が制定した「冠位十二階」の第二番目の地位にまで登りつめたほどでした。秦河勝の顔は、どうも当時の日本人とはかけ離れたものだったようです。伝説には、

「その姿は普通の人のようではなかった」

とあります（林羅山《はやしらざん》『本朝神社考』一七世紀）。彼の名は、『日本書紀』にも出てきます。『日本書紀』には、七世紀、皇極天皇《こうぎょく》（在位六四二～六四五年）の時代に、人々が秦河勝を称《たた》えて、

〝ウズマサ様は神の中でも神だと大評判だ。常世の神を打ち懲らすほどだから〟

（ウズマサ様は　神とも神と聞こえ来る　常世の神を打ちきたますも）

という歌を詠《うた》い出したと記されています。歌の内容から見て、「ウズマサ」は宗教の本尊名でしょう。「ウズマサ」の名は、現在も京都の地名としても残っていますし、人々には秦河勝のことだとか理解されたこともあったようです。しかし秦氏にとっては、もっと特別な意味を持った言葉だったようです。

佐伯好郎博士や、手島郁郎《てしまいくろう》氏などは、「ウズマサ」は、イエス・キリストを意味するアラム語、あるいはシリア語（景教徒の中心地エデッサで話されていたアラム語の方言）のイシュ・マシァ（Ishu M'shekha）から来たものだろう、と述べました。

このアラム語が少し訛《なま》って、「ウズ・マサ」となったのであろう、そしてそれはもともとイエス・キリストのことだった、と考えたわけです。秦氏の人々はよく、「ウズ・マサ！」「ウズ・マサ！」と口に唱えていたのではないでしょうか。

彼らの礼拝所の近くを通ると、「ウズ・マサ様！」（イエス・メシヤ様）という声が聞こえてくる。秦氏以外の人々には、その意味がよくわからなかったけれども、その結果、秦氏といえばウズマサ、ということになったように思えます。

というのは、あとでも述べますけれども、京都に「だいうす町」というのがあります。これは昔キリシタンがそこにたくさんいて、「だいうす様（デウス様＝神）、だいうす様！」と呼んでいたので、まわりの人たちがその町をそう呼ぶようになったのです。

それと同じように、秦氏の人々は「ウズマサ様！」と呼んでいたので、その地は「太秦《うずまさ》」と呼ばれるようになったのではないでしょうか。

広隆寺にはまた、昔から「いさら井《い》」と呼ばれている井戸があります。これは八七三年の記録（『広隆寺縁起流記資材帳』）にも出てくる古い井戸で、それ以前から存在していたものです。

秦氏は、単に飲み水としてだけでなく、おそらく水を使った神聖な儀式などにも、そこの水を使用していたようです。私の父はこの「いさら井」の写真を、米国シカゴのアシュルバニパル図書館に送って、アラム語の学者ホーマー・アスリアン博士に見てもらいました。すると彼は、こう答えてきました。

「イサライは、おそらく『イエスはわが羊飼い』というアラム語でしょう。イサはイエス、ライは羊飼いです。旧約聖書の詩篇二三篇から来たものでしょう」

私と父はまた、その井戸の持ち主、本間さんにお会いしたことがあります。彼は私たちを家にあげてくださり、先祖から伝わる秦氏の系図を見せてくれました。今は「本間」という名前だけれども、秦氏の子孫なのです。父が「いさら井」の話をすると、彼はとても喜んでくれました。

一方、中国の史書ではイスラエルのことを「一賜楽業《イスラエ》」といったので、「いさら井」はイスラエルのこと考える人々も多くいます。実際、今もイスラエルには「ヤコブの井戸」というのがあります。ヤコブの別名はイスラエルですから、これは「イスラエルの井戸」です。

秦氏のダビデ神社

広隆寺の近くに、現在は大酒《おおさけ》神社と呼ばれているところがあります。これも秦氏がつくった神社です。かつては広隆寺の境内《けいだい》にあったそうです。そして大酒神社の門柱に、「ウズマサ明神《みようじん》」（太秦明神）を祭っていると書かれています。いわば「イエス・キリスト明神」であるわけです。

秦氏の大酒神社の由緒書には、その神社の名は、もともと「大辟《おおさけ》」神社と書いたと記されています。「辟」は君とか、天子の意味です。「大辟」は、大君、天子イエス・キリストのことでしょう。そこはもともと、イエス・メシヤを礼拝するところだったと思われます。

また、中国の景教徒の間では、聖書に出てくる古代イスラエルの王ダビデのことを「大闢《ダヴィ》」と書きました。これが簡略化されて〝門がまえ〟がとれ、「大辟」となったとも言われています。神社の名前というものは、音はそのままでも、漢字はよく変わることがあるのです。

また、ダビデは聖書によれば竪琴《たてごと》の名人、そして舞踊《ぶよう》家でしたが、この神社の門柱に、

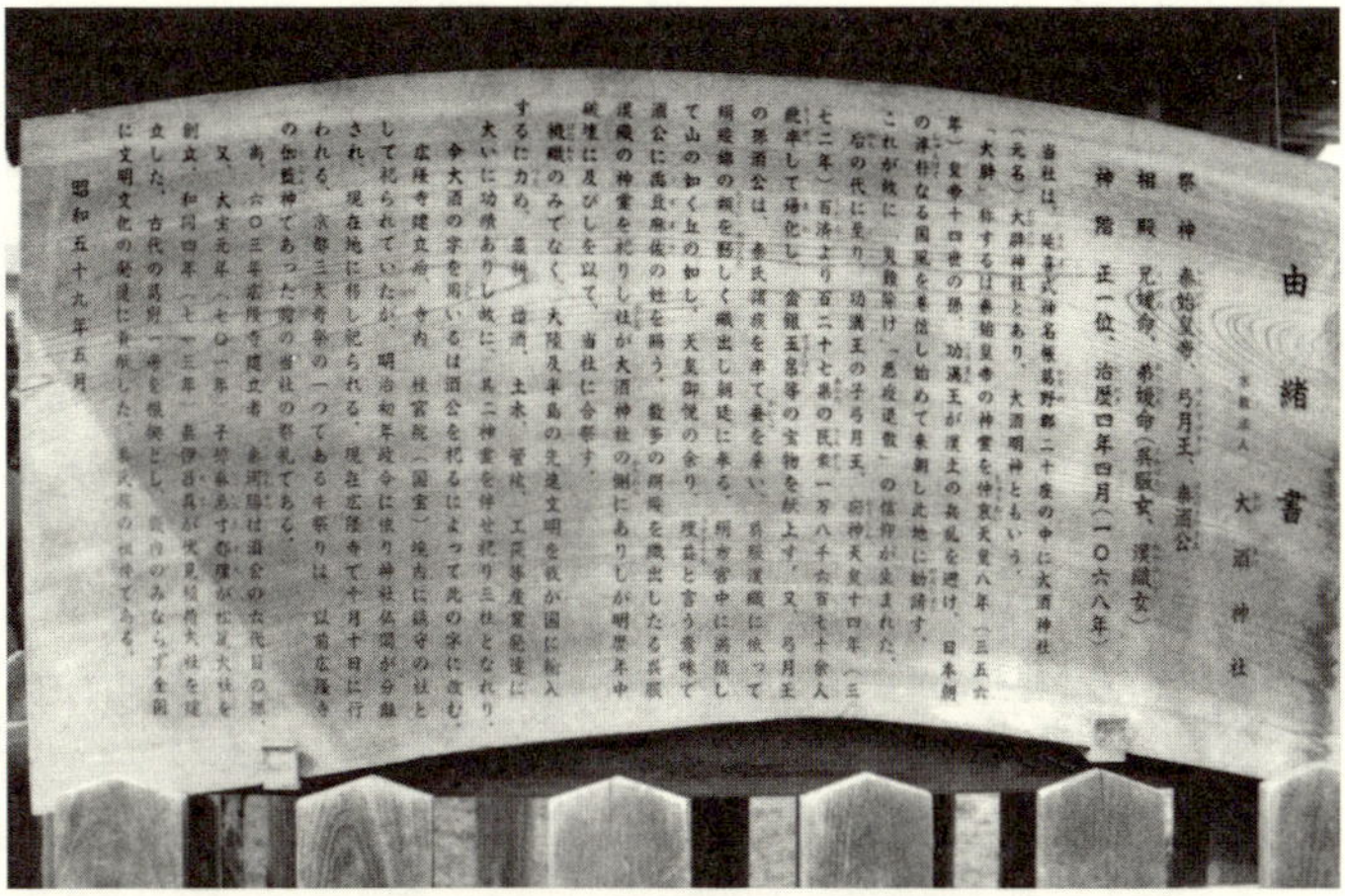

京都・太秦の「大辟神社」（現・大酒神社）由緒書。秦氏の神社。“ダビデ神社”とも言われるが、祭っているのは「ウズマサ明神」（イエス・キリスト）である。

「機織管絃楽舞之祖神」と記されています。つまりこれはダビデのことでしょう。

しかし、この神社が〝古代イスラエルの王ダビデを祭った神社〟ということではありません。じつはメシヤ預言の中では、「ダビデ」はイエス・キリストの別名でもあったのです。旧約聖書のメシヤ預言の中で、イエス・キリストはしばしば「ダビデ」の名で呼ばれています（エゼキエル書三七・二四～二五、ホセア書三・四～五）。

この「ダビデ」は、古代イスラエルの王ダビデのことではなく、イエス・キリストのことなのです。一方イエス・キリストは、古代イスラエルの王ダビデの家系に生まれた者として、一般的には「ダビデの子」（ダビデの子孫の意）とも呼ばれました。これも関係しているのでしょう。

このように、この神社はもとは神道の神社ではなく、じつは古代基督教の礼拝所だった、と言われています。今は、道の片隅にある小さな神社にすぎません。普通の神社にしか見えません。しかしよく観察してみると、そこには古代基督教のおもかげが見えてきます。

それは西洋から来た基督教ではありませんから、西洋風の建物ではありません。パイプオルガンもないし、ステンドグラスもありません。しかし日本に来た古代基督教徒たちは、日本の風土に合わせた礼拝所をつくっていたのです。

そこに立つと、大昔からの彼らの信仰の息吹が感じられるような気がします。じつは、秦氏がつくった寺は広隆寺くらいのもので、あとはほとんどが神社です。古代史研究家の平野邦雄《ひらのくにお》氏は、「秦氏は帰化氏族としては、不可解なほど神祇《じんぎ》信仰と密着している」（帰化人と古代国家）と述べています。それは神社の礼拝形態が、彼らの信仰に最も適していたからでしょう。

ところで、秦氏は、今もかなりその子孫が生きています。

秦という姓のままでいる人々もいますが、別の姓に変わっている人々もいます。秦氏は、ことに「大化の改新」（六四五年）以降は、次々に姓を変えました。ここで、資料に残っている秦氏の氏族を少しあげてみることにしましょう。

秦、畑、端、畠、波田、波陀、羽田、八田、半田……。これらなどは漢字は違えても、みなハタとか、ハダと読むものです。一方、これらに「野」「山」などをつけて変化したパターンもあります。秦野、畠山、畑川、波多野、畑中、廣幡《ひろはた》、八幡……。

私の友人に「畠田《はたけだ》」さんという人がいますが、聞いてみると、昔は「ハタダ」と読んだとのことです。彼も秦氏の子孫でしょう。一方、秦を、まったく違う姓に変えてしまったケースもあります。

服部《はっとり》、羽鳥、林、神保《じんぼ》、宋《そう》、惟宗《これむね》、田村、島津、長田、長蔵、辛嶋、小松、大蔵、依智《えち》、三林、小宅、本間、高尾、高橋、原、常、井手、赤染《あかぞめ》……。そのほか、歴史上の有名人としては戦国時代に四国を支配した長宗我部《ちょうそかべ》氏、九州を支配した島津氏などがあります（飛鳥昭雄・三神たける著『「秦氏」の謎』学研より）。

あなたの姓も入っていたでしょうか。

三位一体信仰を表した三柱鳥居

さて、同じく京都・太秦の「元糺の森《もとただす》」に、「蚕の社《かいこやしろ》」または「木島坐天照御魂神社《このしまにますあまてるみたま》」と呼ばれている神社があります。これも秦氏が創建したものです。

この神社には、全国でも珍しい「三柱鳥居《みはしらとりい》」と呼ばれる、鳥居を三つ重ねた形の聖なる三脚があります。現在ある三柱鳥居は、比較的最近つくられたものですが、昔の資料、伝統に基づいてつくられたものとのことです。

そのエキセントリックな姿から、「京都三大鳥居」の一つにも数えられています。しかしこの「三柱鳥居」は、鳥居という名がついていても、門ではありません。それは池の真ん中に立てられている、神的な象徴です。三本の「柱」を立て、それを上部で結びつけた、立体的なオブジェです。

宗教的なシンボル、宗教的なオブジェには、必ず意味があります。池田栄教授は、この三柱鳥居は、秦氏の信奉していた古代基督教の三位一体信仰の象徴であろう、と述べました。日本神話においては神を数

えるのに、

「一柱《ひとはしら》の神、二柱《ふたはしら》の神……」

というように「柱」と言います。一方、古代イスラエルでも柱は神を表しました。石の柱、木の柱などは神を表したのです。秦氏はその観念に従い、三柱をもって三位一体の神を象徴的に表したのでしょう。

三柱鳥居が立つその池——「元糺《もとただす》の池」は、境内に延びています。なんとも清らかな場所です。私はすべてを、ビデオにおさめました。清水が湧くその池に、この「三柱鳥居」が立っている。昔、年に一度、秦氏をはじめ山背《やましろ》の人々は、ここで禊《みそ》ぎを行なっていたそうです。

「元糺」は〝元を正す〟の意味で、人々はここで禊ぎを行なって、心身を糺《ただ》したのです。京都の秦氏系の神社（とくに上賀茂《かみがも》神社や下鴨神社）は、天皇家と深いかかわりがありましたから、天皇もきっとここで禊ぎを行なった、と想像する人もいます。

この池も、明らかに宗教的な意味を持ったものです。そこはまた、秦氏と信仰を同じくする者が洗礼を受ける、洗礼池としても使われたことでしょう。その池はあたかも、三位一体の神からわき出《い》ずる「生ける水」（ヨハネの福音書四・一〇）をたたえる場のようにも見えます。

じつは、そこはイスラエルのヨルダン川にある洗礼場にも似ているのです。階段を下ってそこに行くところなど、ヨルダン川の洗礼場と構造が同じです。今もヨルダン川では多くの人が洗礼を受けます。「洗礼」というものにはまた、禊ぎの意味もあります。

このように、三柱鳥居やその元糺の池というのは、すごく意味のあるものなのです。ところが驚くことは、こうしたものが、ごく自然に置かれているということです。特別なものとか、不思議だとか思われていない。そこの神社の人に聞いても、こういう秦氏の歴史をあまりよく知りません。

　しかし、それでも神社の由緒書きには、

「ここは景教（ネストリウス派基督教）が渡来し、秦氏と関連があったことの名残《なごり》をとどめる遺跡として伝えられる」

　と記されていました。

　ちなみに「三柱鳥居」は、東京にもあります。墨田区向島《むこうじま》の三囲《みめぐり》神社です。以前、私はある出版社の編集長に教えてもらってそこに行き、それを見て「ああ、東京にもあるんだ」と思って感激しました。これは三柱鳥居の真ん中が、井戸になっている形でした。やはり水に関係しています。

　聞いてみると、この神社は三越などを築いたあの豪商・三井家に関係があり、三井家は昔から秦氏と深い関係があるとのことでした。ビジネス上、また血縁上でも昔から秦氏と深いつながりがあったようです。

　またその後、私が九州の対馬《つしま》に行ったとき、そこでも三柱鳥居を見つけました。

　対馬の和多都美《わたつみ》神社の中に二つの三柱鳥居があって、一つは東京の三囲神社のものに似ていました。高さ二メートルくらいのものです。もう一つは、三柱鳥居の真ん中に亀そっくりの石と泉がある形で、その石は亀の名で呼ばれていました。比較的最近つくられたものではありましたけれども、やはり古い資料、伝統に基づいてつくられたもののようです。

　そういえば、秦氏が創建した松尾《まつのお》大社にも、亀の井戸があります。聖徳太子の死後に、秦氏に属する人が描いた『天寿国繡帳《てんじゅこくしゅうちょう》』の刺繡画にも、亀が描かれています。

　また私は、中国の景教碑（大秦景教流行中国碑）が亀の像の上に乗った形に建てられているのを、思い

京都・太秦の「木島坐天照御魂神社」（蚕の社）にある「三柱鳥居」。

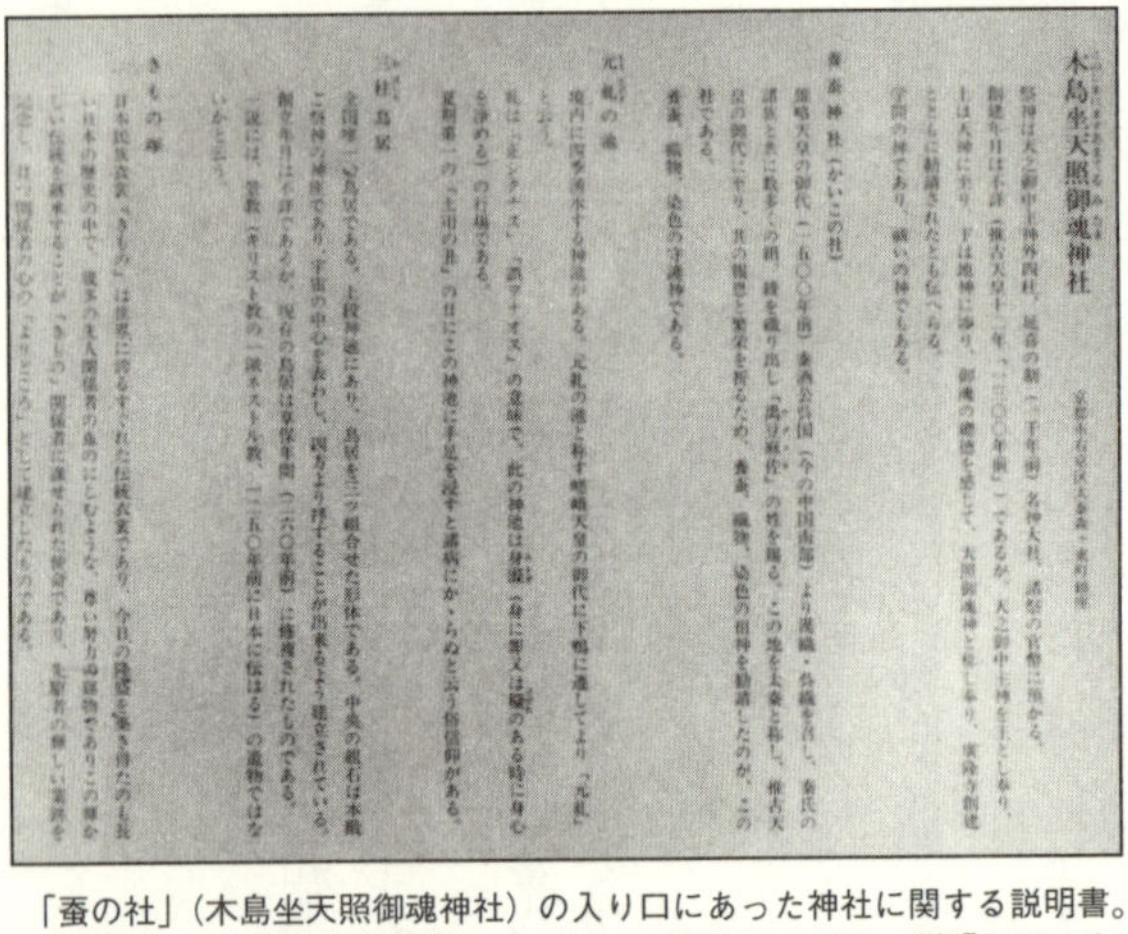

木嶋坐天照御魂神社

京都市右京区太秦森ヶ東町鎮座

祭神は天之御中主神外四柱、延喜の制（一千年前）名神大社、諸祭の官幣に預かる。

創建年月は不詳（推古天皇十二年（一三〇〇年前））であるが、天之御中主神を主として奉り、上は天神に至り、下は地神に渉り、御魂の總徳を感じて、大照御魂神と号し奉り、広隆寺創建とともに勧請されたとも伝へらる。

宇宙の神であり、祓いの神でもある。

養蚕神社（かいこの社）

雄略天皇の御代（一五〇〇年前）秦酒公呉国（今の中国南部）より漢織・呉織を召し、秦氏の諸族と共に数多くの絹、綾を織り出し「禹豆麻佐」の姓を賜る。この地を太秦と称し、推古天皇の御代に至り、其の報恩と繁栄を祈るため、養蚕、織物、染色の祖神を勧請したのが、この社である。

養蚕、織物、染色の守護神である。

元糺の池

境内に四季湧水する神池がある。元糺の池と称す嵯峨天皇の御代に下鴨に遷してより「元糺」と云う。

糺は「正シタヾス」「調ナオス」の意味で、此の神池は身濯（身に罪又は穢のある時に身心を浄める）の行場である。

夏期土用の丑の日にこの神池に手足を浸すと諸病にかからぬという俗信仰がある。

三柱鳥居

全国唯一の鳥居である。上段神池にあり、鳥居を三ツ組合せた形体である。中央の組石は本殿ご祭神の神座であり、宇宙の中心を表わし、四方より拝することが出来るよう建立されている。

創立年月は不詳であるが、現存の鳥居は享保年間（二六〇年前）に修復されたものである。

一説には、景教（キリスト教の一派ネストル教、一三五〇年前に日本に伝はる）の遺物ではないかと云う。

きもの塚

日本民族衣装「きもの」は世界に誇るすぐれた伝統衣装であり、今日の隆盛を築き得たのも長い日本の歴史の中で、幾多の先人関係者の血のにじむような、尊い努力の賜物でありこの様な尊い伝統を継承することが「きもの」関係者に課せられた使命であり、先駆者の輝しい業績を讃え、且つ関係者の心の「よりどころ」として建立したものである。

「蚕の社」（木島坐天照御魂神社）の入り口にあった神社に関する説明書。
三柱鳥居が古代基督教と関係しているという説についても、説明している。

東京都向島、三囲神社の三柱鳥居。三井家と秦氏の深い関係を物語る。

奈良の「大神神社大神教会」境内に立つ三柱鳥居。神道の造化三神の「三柱一体」（三位一体）の観念を表すシンボルだという。

「大秦景教流行中国碑」。781年に中国の景教徒によって建立された。のちの迫害の時代に隠され、1625年にイエズス会士により西安で発見された。写真は1907年のもの。亀の上に碑が立てられている。

起こしました。そういうわけで私には、この対馬の神社はもともと、日本に来た古代基督教徒たちの教会だったのではないかと思えたのです。

さて、京都・太秦に秦氏がつくった「蚕の社」（木島《このしま》神社）ではまた、神社としては珍しく、「アメノミナカヌシの神」（天之御中主神）を祭っていると説明されています。三柱鳥居の中心に、アメノミナカヌシの神が降臨するのだという。

アメノミナカヌシの神とは、日本神話において一番最初に現われ出た神です。宇宙の中心に住み、天地を主宰する神。姿形なく、死ぬこともなく、単独の神で、最も中心的な主なる神です。ある神道家（渡辺《わたなべ》重石丸《いかりまる》）は、アメノミナカヌシの神は聖書の言う神ヤハウェであると、唱えたそうです。

秦氏の人々は、アメノミナカヌシの神という名のもとに、じつは聖書の言う絶対神ヤハウェを信奉していたようにも思えます。

そういえば日本の神話は、最初に「造化三神《ぞうけさんしん》」が現われたり、そのあと「神代七代《かみよななよ》」があったりで、細かいところを別にすれば、どうも聖書の「天地創造をなした三位一体の神」「七日間にわたる天地創造」の話に、どこか似ています。

じつは三柱鳥居は、奈良にもあります。奈良の「大神《おおみわ》神社大神教会」の境内に、三柱鳥居が立っています（この「大神教会」というのは新興宗教ではありません）。古社・大神神社と、元は一緒だった社《やしろ》で、そこの説明によればこの三柱鳥居は、神道の造化三神の「三柱一体」（三位一体）の観念を表すシンボルだといいます。

また大神神社にも、三柱鳥居によく似た「三ッ鳥居」があります。これもやはり三つの神霊の一体性を表すものだとのこと。大神神社の創建には、秦氏が深くかかわっていた、と述べる研究者が多くいます。

景教は異端ではない

秦氏の人々が来たあと、景教徒たちも、日本にやって来ました。五世紀以降のアッシリア東方基督教は、一般に「景教」と呼ばれます。この景教も、日本に大きな影響を与えています。

ある人々は、「景教」について誤解して、「基督教の異端《いたん》（非正統派）の一つ」と思っています。四三一年のエペソ公会議で「異端」とされた宗派ではないかと。しかし、景教を「異端」と呼ぶのは適切ではありません。

当時ローマ・カトリック教会においては、イエスの母マリヤを「神の母」と呼ぶ風習がすでに始まっていました。マリヤに祈る風習も始まっていました。これに対し、当時コンスタンチノープルの主教であったネストリウスは、異議を唱えたのです。

ネストリウスは、これは女神崇拝になる危険があるから、やめるべきだと言いました。これは、今日の基督教プロテスタントの考えと同じです。ジョン・M・L・ヤング博士も、その著『徒歩で中国へ』（By Foot To China）の中で、ネストリウスの信仰は、今日のプロテスタント信仰者のものとほとんど同じであったと述べています。

つまりネストリウスの主張は、今日のプロテスタントに、むしろ近いものだったのです。そしてネストリウスも景教徒も、正統派基督教信仰である「神の三位一体」を信じていました。彼らはキリストの神性と人性も信じていましたし、両性についての考えも、決して異端と呼べるものではありませんでした。

プロテスタントに属する日本基督教団の手《て》束《づか》正《まさ》昭《あき》牧師は、

「ネストリウスの見解は……聖書そのものからは決してはずれてはいなかったのです」

と書いています。そして、ネストリウスを政治的に「異端」としてしまったことは、そののち基督教会に計り知れない損失をもたらした、とも述べています。また最近、神学的にもネストリウスを再評価する動きが見られるとも言っています。

ネストリウスが追放されたとき、アッシリア東方基督教会（シリア教会）は彼を受け入れました。信仰的に同じだったからです。こうして、アッシリア東方基督教会は、西方基督教（ローマ・カトリック）から分離しました。

分裂は痛みを伴います。しかしこの分離があったがゆえに、アッシリア東方基督教徒――景教徒は爆発的に東洋に広がっていくことができたのだ、ということもできるでしょう。

ただし二〇世紀になって、ローマ・カトリックと景教の教会の間に、和解がなされました。

ローマ法王は、一九九七年にオーストリアのウィーンで、アッシリア東方教会の大主教マル・ディンカに会いました。そして過去の態度を謝罪しました。東方教会（景教）の大主教はこれを受け入れ、互いに握手して、両者の間に和解が持たれました。したがってローマ・カトリックは、今では景教を「異端」とは呼びません。

かつて五世紀に西方教会と東方教会が分離したとき、西方教会の人々はアッシリア東方基督教会の人々を、「ネストリアン」とか「ネストリウス派」と呼びました。この呼び名は、ローマ・カトリック側が彼らを呼んだあだ名、悪口です。

アッシリア東方基督教の人々は、自分たちを「ネストリウス派」とは呼びませんでした。ネストリウスは彼らの「教祖」ではなかったからです。彼らの教祖はイエス・キリストであり、初代の大主教はトマスでした。

つまり、それは決して「新しい宗派」ではありません。むしろアッシリア東方基督教＝景教は、原始基督教の流れを汲むものです。したがって、本当は、

〝ネストリウス以前から景教があった〟

と言っても、決して間違いではないのです。景教はアッシリアの東方基督教のことであり、それ自体はネストリウス以前から存在していたからです。池田栄教授はこう述べています。

「『ネストリウス派基督教』の名称は、アッシリア東方基督教に対して与えられた間違った呼び名です。景教＝アッシリア東方基督教は、ネストリウス以前から存在していました。それが確立されたのは西暦一世紀でした」

一方、サムエル・H・モフェットはその著『アジアの基督教史』の中で、五世紀の西方教会（ローマ・カトリック）と東方教会（景教）の分離の原因は、教理的なものというより、根本に人種問題があったと書いています。

西方教会は白人であり、東方教会は有色人種でした。結局、両者の分離は、白人が有色人種を追い出す形だったと。私も、これが一番の原因だったと思います。以後、西方基督教はますます「白人の宗教」化

に傾いていきました。

一方、東方基督教は以後、知られざる東洋の地へ、精力的な宣教を開始します。東方基督教＝景教は「アジアの基督教」となったのです。佐伯好郎教授は景教徒たちについて、こう書きました。

「この活動は完全に自活的、宣教的、持続的なものであった。彼らは、ただ一人送られてくる突撃隊員的な宣教師ではなく、部族ごと移動する人々であった。彼らの中には大工がおり、教師、建築家、医者、看護婦、伝道者、家庭教師、牧師、学者、馬、ヤギ、羊の隊商がいた。そしてエデッサとバグダッドにある彼らの神学校から旅に出て、インド、中国、韓国、日本、ベトナム、チベット、フィリピン、モンゴルなどへ向かったのである」

中国に来た景教

アッシリア東方基督教は、ローマ・カトリックから分かれたのち、爆発的に東方世界へと広がっていきます。それは中国にも達し、中国では「景教」(Luminous Religion) と呼ばれるようになりました。この「景」は日の光、光明の意味です。

景教徒は、中国にいつ頃やって来たのでしょうか。

西暦五七八年に、「西方の地から」景教徒マル・セルギスと、彼の家族が中国にやって来て、長安《ちょうあん》の西約五〇〇キロメートルのリンタオに移住したことが史書に見られます。ほかにも、またそれ以前にも、中

ローマ・カトリックは、431年以来、景教を異端と呼んできたが、1997年、両者の間に和解が行なわれた。

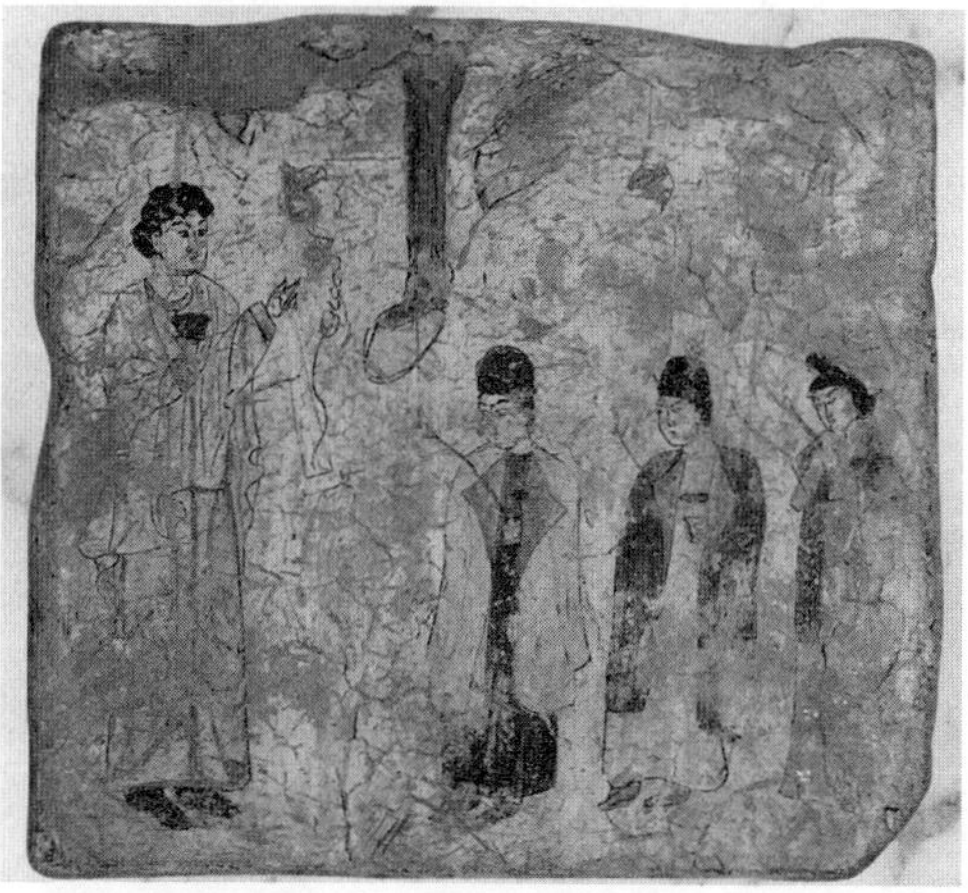

中央アジア・高昌の寺院の壁に描かれた景教徒たち。右手に聖水、左手に香炉を持つ牧師が３人に洗礼を授けるところ。(ベルリン、インド美術館蔵)

国にやって来た景教徒一家が少なからずいたに違いありません。

ペルシャはすでに五世紀には、中国と交易を行ない、盛んに商人が行き来していたからです。

景教徒たちが中国の皇帝を公式訪問したのは、六三五年が最初だったようです。この年、景教僧オロペン（Alopen　阿羅本　アブラハムの意）は二一人の信徒を率いて、唐の首都・長安に来て、皇帝を公式に訪問しました。

当時の長安は、世界最大の都市でした。このとき景教徒オロペンは、聖書や教理を漢文に訳して唐の太《たい》宗《そう》皇帝に献納しました。皇帝はそれを読んで感激し、

「これほどの真理は儒教にも仏教にもない。朕《ちん》（私）自ら信じるから、全国民よ、朕に学べ」

と述べました。こうして景教は、皇帝の保護を受け、六三五年から約二〇〇年間にわたって中国で栄えたのです。景教の最初の教会が、六三八年に長安に建てられました。また以後、中国の各地に、景教の、日本でいうなら〝国分寺〟にあたる教会が建てられました。

しかし、オロペンの皇帝訪問がもし一〇年早かったとしたら、彼の景教は中国に受け入れられなかったかもしれません。というのは太宗皇帝の前の中国皇帝・高祖は、儒教徒の主張を聞き入れて、仏教を「外国の宗教」また「西洋の宗教」として排斥していました。

当時、中国から見ればインドの仏教は「西洋の宗教」でした。ましてや当時、景教は「西洋の宗教」「外国の宗教」として退けられたに違いありません。しかしオロペンが来たときの中国皇帝・太宗は、包容力のある人で、洗練された文化を愛する名君だったのです。

景教徒たちは中国に来ると、聖書や教理解説書を中国語に訳しました。『イエス・メシヤ経』（序聴迷詩

所経）や、『一神教論』その他です。また中国における景教の様子については、西安《せいあん》（旧長安）で発見された有名な、

「大秦景教流行中国碑」

が物語っています（七八一年建立）。この景教碑の研究者として、佐伯好郎教授は世界的に有名です。佐伯教授が英語で書いた『The Nestorian Monument in China』（中国の景教碑）は、世界的に非常に高い評価を受けて、今も様々な文献で引用されます。

　この本には、名だたるシリアの学者A・H・セイス教授が、解説文も寄せています。またウィリアム・セシル卿、および東京帝国大学の教授であり東方学会の理事でもあった服部《はっとり》博士などからも、高い評価を受けました。初刷と第二刷は、その年のうちに売り切れてしまったそうです。

　佐伯教授は、生涯で五五冊もの本を書きました。私は父と共に、佐伯教授のご家族とお会いして、いろいろお聞きしたり、佐伯教授の手書き原稿や、景教の遺跡の写真、景教碑の拓本《たくほん》などを見せていただいたことがあります。それだけでなく、ご家族はそれらの多くを私たちにくださったのです。

　とても感激してしまい、そのすばらしい研究に圧倒されました。「ぜひ研究を引き継いでください」と言われました。また、手書きの英語原稿を見たときは、ふるえる思いでした。佐伯教授のそれらの研究は、私たちがしばしば景教の展覧会などを開いて公開しています。

　景教僧オロペン以降も、たくさんの景教徒が中国にやって来ました。七一三年（またはそれより早く）に中国の広東《カントン》にやって来たガブリエル主教は、海を渡り、船でその港にやって来たことが中国の記録にあります。

当時、広東は外国との交易において重要な港でした。ガブリエルは広東において、商人や職人の間でしばらく暮らして中国語を覚え、そののち熱心な宣教をなしました。七四四年には、ジョージ主教もやって来たことが記録にあります。

景教の教会は、中国の一〇の省すべてにつくられ、全土に広まりました。景教徒の家には、奴隷がいませんでした。そのためこの頃から、中国人の中にも奴隷解放思想を唱える者が現われます。景教が中国で盛んになったとき、中国社会は本当に変わりました。

「大秦景教流行中国碑」に記されたところによれば、ある公爵は、得た富を自分のためには用いず、慈善と布教のために投げ出しました。彼は、景教徒を集めて毎年五〇日間におよぶ敬虔《けいけん》な大聖会を行ない、共に聖書に聴き、祈りをなす時を持ちました。

飢えた人は、その聖会に来ると食物を与えられ、裸の人は衣を与えられました。病人は治療を受けていやされ、また死者は安らかに葬られました。聖会以外のときも、彼の無私の生活と行ないは、広く人々に良い影響を与えたと記されています。

また一三世紀に、中国の地方の政治家で「馬《マ》」という人が、景教徒になりました。彼の系図に、

「馬氏の子孫は、西方の高貴なネストリウス家と同じ信仰である」

とあります。私が以前マカオに飛行機で行ったときのことですが、私に飲み物を持って来てくれたスチュワーデスの名札を見たら、「馬」さんでした。すばらしい美人で、顔も少し普通の中国人とは違って、彫りが深いのです。私は、

「馬さん、あなたの先祖はどんな人だったか知っていますか」

と聞きました。彼女は「知りません」と言いました。私は、彼女の先祖が有名な景教徒であり、しかも名家でありながら慈善を惜しまない、すばらしい人々であったことを、教えてあげました。すると彼女は、「えーっ、そうなんですか!」と顔を輝かせたのです。

そしていろいろ質問してきてくれました。人間は自分の先祖を知ると大きく変わります。「自分」というものが、わかってくるのです。

佐伯教授は、日本や中国に見られる宗教儀式の一部や、薬、貿易、法律、そして天文学なども、中近東から景教徒らを通してもたらされたものが多い、と述べました。また、唐の時代の中国は景教の強い影響下にあったと、述べています。

この時代、日本は遣唐使を唐に派遣して、使節を長安の都で学ばせました。つまり、遣唐使が長安で学んできたものの多くは、純粋に中国生まれのものというよりは、多分に景教の影響を受けた中国文化だったと、佐伯教授は述べています。

様々な宗教・様々な文化が入った

このように、古代の中国や日本に入ってきたのは、決して仏教だけではありませんでした。古代基督教も入っていました。

ほかにも、様々なものが入っています。いろいろな渡来人がやって来たからです。記録に残っているものは氷山の一角で、多くの人々がやって来ています。

たとえば、「徐福伝説《じょふく》」というのがあります。

これは秦氏や景教徒よりもずっと前のことで、日本の記録には残っていません。しかし、中国の司馬遷《しばせん》（前一四五？～前八六？年）の著した『史記《しき》』に記されています。秦の始皇帝（前二五九～二一〇年）が不老長寿の薬を求め、その命令により、徐福という人が男女数千人を連れて、海の向こうのある国に行ったというのです。

彼らの行った先は、日本だったと言われています。ところが、彼らはそののち中国に帰りませんでした。日本に住み着いてしまったらしい。実際、ちょうどこの頃から西日本に急激に人口が増え、弥生文化が始まっています。彼らにとって日本は住み心地がよかったのでしょう。

ほかにも、記録にはなくても、日本にやって来た様々な渡来人がいたはずです。なかには、ギリシャ神話の文化を持つ人々もいたようです。その証拠に『記紀』（『古事記』『日本書紀』）の神話に、ヤマタノオロチの話が出てきます。

怪物の大蛇ヤマタノオロチに、女性が食べられそうになって、スサノオがその大蛇を退治して彼女を救い、そののち彼女と結婚するわけです。しかし、これはもともとギリシャ神話なのです。ギリシャ神話にはやはり、怪物の大蛇に食べられそうになった娘の話があって、英雄ペルセウスが大蛇を退治して娘を救い、そののちその娘と結婚するのです。

また日本の神話には、イザナギが死んだ妻を地上に取り戻そうとして死者の世界（黄泉《よみ》の国）に行ったという話があります。また、女神アマテラスが弟のスサノオから受けた乱暴に怒って岩屋に隠れ、そのために世の中が真っ暗になって困った、というような話も出てきます。

これらについても、まったく同型の話がギリシャ神話にあります。そしてギリシャから日本に至るシルクロードの全域に、同型の話が伝わっています。明らかにギリシャ神話起源の話が、日本の神話にも入っているのです。

これは必ずしもギリシャ人が日本に来たことは意味しません。が、少なくともギリシャ神話の文化を持つ人々、あるいはその影響を受けた人々が古代の日本にやって来たということでしょう。

さらに、日本の神話には天孫降臨《てんそんこうりん》の話があります。天から神々の子孫が下ってきて、それが大和民族だという。しかし、これと同型の話が韓国にもあります。やはりこの神話は向こうからやって来たものでしょう。

一方、日本の神話には、旧約聖書の話を換骨奪胎《かんこつだったい》（焼き直し）したような話も、たくさん含まれています。固有名詞は変えられているけれども、その大筋は同じじゃないか、という話です（『日本・ユダヤ封印の古代史』212ページ、徳間書店刊）。

つまり古代の日本には、いちいち記録には残っていませんけれども、様々な文化背景の人がやって来たことがわかります。東京国立博物館東洋課考古室長、オリエント学会理事の杉山二郎《すぎやまじろう》氏は、その著『天平のペルシャ人』（青土社刊）の中でこう書いています。

「シルクロードを伝わって唐朝に流入したギリシャ・ローマ文化、メソポタミア文化、またヘブライ文化、イラン文化、北方ユーラシア文化、インド文化、チベット文化が混淆《こんこう》融合した百科全書的知識と技術の一大体系が、そのまま日本列島に波及した痕《あと》がはっきり見られます」

文化だけではありません。それと共に、その文化の担い手である人々もやって来たはずです。

私の先祖はアッシリアの景教徒ですが、ひょっとしたら読者の先祖をたどれば、そこにはギリシャ人がいるかもしれない。あるいはペルシャ人がいるかもしれない。またはユダヤ人かもしれないし、バクトリア人、アルメニア人かもしれない。

仏教徒かもしれないし、イスラム教徒かもしれない。ゾロアスター教徒かもしれない。バスク人かもしれないし、アッシリア人や、トルコ人、白人がいるかもしれない。先祖をたどれば、どこかでシルクロードにつながっているに違いないのです。

いずれにしても、いろいろな人々が古代の日本に渡来しています。日本人は決して単一民族ではなかった。日本は多民族国家だったのです。

DNAが語る日本人＝多民族起源

DNA（遺伝子）学者である宝来聰《ほうらいさとし》博士は、これについて興味深い研究を発表しています（岩波科学ライブラリー『DNA人類進化学』）。

宝来博士は、中国人、韓国人、アイヌ、沖縄県人、また日本の本州人からなる五グループのDNAの特徴を調べました。

すると、日本の本州人のDNAには、韓国人に多い特徴を持つものが二四パーセント、中国人に多い特徴を持つものが二六パーセント、アイヌに多い特徴を持つものが八パーセント、沖縄県人に多い特徴を持つものが一六パーセント含まれていました。

さらに、これら五グループのどれにも属さない特徴を持つものが、二六パーセントありました。中国人にも韓国人にもアイヌにも沖縄県人にも共通しないＤＮＡです。

しかもそのうち五パーセントは、とくに日本人固有の特徴と思われるものです。そのＤＮＡの特徴は、中国人や韓国人にはほとんど見られない。そういう独特な特徴が日本人に見られるといいます。

この研究からはっきりしたことは、明らかに日本人は遺伝的に「単一民族」ではない、ということです。様々な民族が混ざっている。たしかに、中国人や韓国人系の血も混ざっているけれども、他の血もかなりの割合で混ざっている。

日本人は、決して中国人や韓国人とは民族的に同じではなくて、彼らにはない他の渡来人の血がかなり混ざっているようだ、ということなのです。宝来博士はこの研究を通して、東へ東へとやって来た多くの民族が、日本において混血した事実が明らかになった、と述べています。

一方、東大の研究グループが、「ＪＣウイルス」に着目して調べた結果も、同じく興味深いものです。

ＪＣウイルスというのは、普通のウイルスのように他人に感染することはありません。ただ親から子にだけ感染して受け継がれるものです。東大グループは世界各国から尿を集め、それに含まれるＪＣウイルスのＤＮＡを解析して、日本人のルーツを調べました。

その結果、世界中のウイルスは一二の系統に大きく分けられることがわかりました。そのうち、日本人に見られるのは次の四系統でした。

「朝鮮半島に多い型」
「朝鮮半島から中国中部・北部に多い型」
「東南アジアに多い型」
「ヨーロッパの白人やトルコ人などに特有の型」(EU型)

そして、このEU型と呼ばれる遺伝子――つまり欧州の白人にしか見られない遺伝子が、とくに東北の日本海側に住む日本人において、約一〜二割も見つかったというのです。EU型は、他のアジア諸国ではほとんど見られないものです。

全体的には、北日本では「朝鮮半島に多い型」が多く、西日本には「朝鮮半島から中国中部・北部に多い型」、また沖縄や鹿児島では「東南アジアに多い型」が見られたとのことです。

東大グループはこの結果から、かつて白人の大きな集団が日本に渡来して住み着いたことが考えられる、としています。このように遺伝子の研究からも、日本に数多くの渡来人がやって来ていることがはっきりしています。

日本人の先祖となった人々は皆、もとをたどれば西の方からやって来ました。日本人の先祖は、東へ東へとやって来て、ついにこの日本列島にまでやって来たのです。

私は以前、北海道へ行って、アイヌの方々を訪問したことがあります。すると、アイヌの人たちの顔は、私の顔によく似ています。彫りが深くて、白人系の顔をしている。

混血をして普通の日本人のような顔になった人でも、目を見ると、青い目です。アイヌの人たちはそのほか、幼児期のお尻の青あざがありません。モンゴロイドとは違う。むしろコーカソイドの特徴を多く持

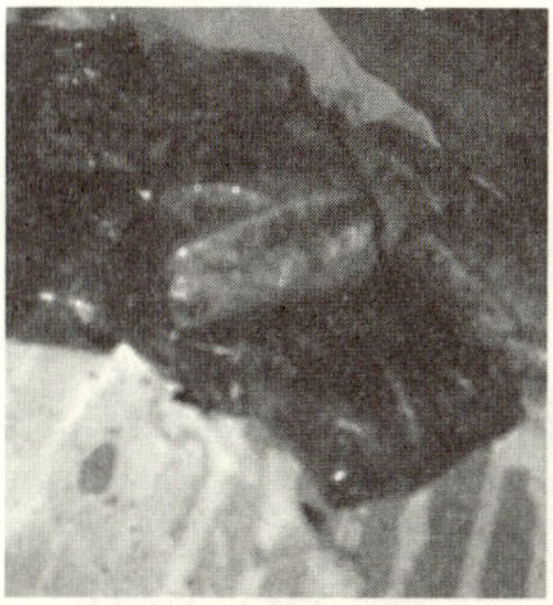

アイヌの食べ物が中近東の「ドルマ」と呼ばれる食べ物にそっくりだったので、びっくり。この食べ物は景教の教会でも食べられていた。日本の海苔巻きにも少し似ている。

アイヌの民族衣装を着た時田イレンカさんと著者。

純粋なアイヌの血をひく秋辺日出男さん。彫りが深くて白人系の顔立ちである。

二風谷アイヌ文化資料館の萱野茂さんが、アイヌの旗を見せてくださった。メノラ（古代イスラエルの神殿の燭台）のような模様がある。アイヌの人々は、コーカソイド（白人）系の顔をしている。

っているのです。

また、アイヌの人たちの食べ物を見せてもらったところ、その中に、昔から中近東に伝わっているのと同じ伝統的な食べ物がありました。日本の海苔巻きに少し似ているものですが、これと同じ食べ物は、アッシリア人の間でも今も食べられていますし、アメリカの景教の教会でも見ました。

第３章　仏教以外の日本がある

景教徒は日本にもやって来た

さて、ザビエル以前の日本に入って来た基督《キリスト》教について、もう少し見てみたいと思います。景教徒《けいきょうと》たちは朝鮮半島を経て、日本にもやって来ました。

朝鮮半島のすぐ近く、南満州の鞍山《アンシャン》近くで、景教徒たちの墓が発掘されています。発掘された七人の遺骸の頭部には、いずれも十字架がありました。また一緒に埋められていた遺品中の硬貨の年代から、九九八～一〇〇六年のものと判明しています。

また満州で、発掘されたその地の王ナヤンの墓には、景教の十字架が刻まれていました。

景教の遺跡は、朝鮮半島南部、韓国の慶州《けいしゅう》でも発見されています。そこにある仏教の寺――仏国寺で、統一新羅時代（六七七～九三五年）の景教の十字架が発見されたのです。『イエス・メシヤ経』など、景教の教典も、その慶州の石窟から仏教の経典と一緒に発見されました。

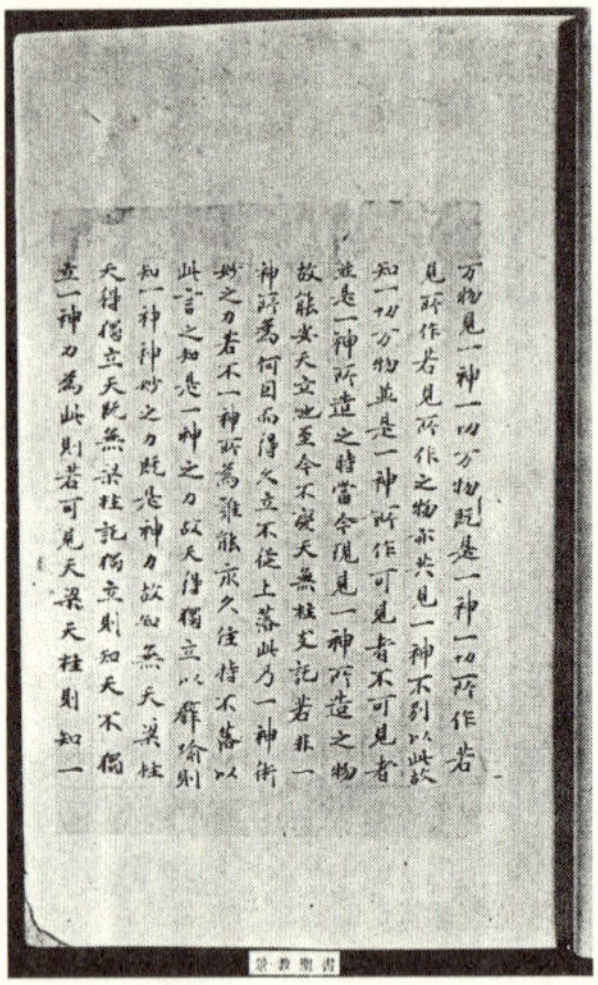
万物見一神一切万物既是一神一切所作若
見所作若見所作之物亦共是一神不別以此故
知一切万物並是一神所作可見者不可見者
並是一神所造之時當今現見一神所造之物
故能安天立地至今不變天無柱支託若非一
神所爲何因而得久立不從上落此乃一神術
妙之力若不一神所爲誰能永久住持不落以
此言之知是一神之力故天得獨立以譬喻則
知一神神妙之力既是神力故知無天梁柱
天得獨立天既無梁柱託獨立則知天不獨
立一神力爲此則若可見天梁天柱則知一

この景教聖書は、仏教の経典とともに韓国にある石窟から発見された。景教と仏教の交流を如実に物語っている。

景教の十字架（石材、年代は統一新羅）。1956年に、韓国・慶州の仏国寺で発見された。日本の対馬の目と鼻の先である。景教が朝鮮半島に伝来していたことを物語る。

私も韓国に行ったとき、それらを見てきました。景教のものが仏寺で発見されたり、仏典と一緒に発見されたりというのは意外に思うかもしれません。しかし、じつは日本の高野山や西本願寺《にしほんがんじ》でも景教の教典が読まれたのです。これについては後述します。

また、韓国のハングル文字は、もともと韓国に今から一〇〇〇年以上前に来た景教の宣教師たちによってつくられたものだと、韓国生まれの学者ジョン・M・L・ヤングが述べています。それは今から五〇〇年ほど前に韓国の王によって復活せられ、二〇世紀になって日本統治時代に国民全員が用いる文字として普及しました。

景教徒はまた、日本にもやって来ました。記録によれば七三六年六月、景教の宣教師であり外科医でもあった「李密医《りみつい》」（李密翳《えい》）というペルシャ人が、日本にやって来ました。

また彼と一緒に、「景人・皇甫《こうほ》」という景教の教会の高位の人物と思われる人たちなどもやって来ました（続日本紀《しょくにほんぎ》　八世紀）。

「景人」とは景教徒の意味です。彼らはその一一月に、聖武《しょうむ》天皇から位《くらい》を授けられています。滞在六ヶ月にして位を授けられたところからみると、皇室とこのペルシャ人景教徒・李密医らとの間には、親密な関係ができたようです。

李密医や皇甫は宣教師でしたから、皇族に対し、基督教の伝道をしました。そして皇族の中に、それが広まっていったようです。実際、以後宮中の記録に、それまでに見あたらない「景福《けいふく》」という景教用語が散見されるようになります。

また、聖武《しょうむ》天皇による「国分寺建立《こくぶんじこんりゅう》の詔《みことのり》」（七四一年）の一節に、

「あまねく景福を求め……」

とあります。これは景教的幸福の意味で、中国の景教徒たちが使っていた景教用語です。

さらに、この詔では、国分尼寺《こくぶんにじ》を「法華滅罪《ほっけめつざい》」の寺と呼んでいます。仏教には本来、「罪」の意識はありません。なのに、「滅罪」という言葉が生まれてきた背景には、景教の影響があると言われています。

今も毎年宮中で演奏される雅楽の「越天楽《えてんらく》」についても、

「ペルシャから伝わった景教の音楽です」

と、日本雅楽会会長・押田久一氏は述べます。福岡県に伝わる有名な民謡「黒田節《くろだぶし》」は、それの編曲からできたものです。

ちなみに李密医と一緒に日本に来た皇甫は、宗教音楽の伎楽《ぎがく》関係者でもありました。古代の日本に入っ

た基督教は、意外なところに影響を残しているのです。日本の伝統音楽も、景教の影響を受けているのです。

景教の影響を受けた光明皇后

聖武天皇の后、光明皇后《こうみょう》（七〇一～七六〇年）は、景教の影響を大きく受けた人でした。私の父はよく、光明皇后についてこう言っていました。

「ケン、光明皇后に関する日本の伝統的な言い伝えによるとね、皇后には将来天皇になるべき子がいた。だが、白血病と思われる病気のために、その子は死にかけていた。

研究者によると、それを見た景教の宣教師であり、医者でもあった李密医は、光明皇后に聖書を読み聞かせた。『マタイの福音書』の八章だよ。

李密医は、聖書を全部持っておらず、マタイの福音書とモーセの十戒だけを持っていた。彼の聖書は、シリア語と漢文で書かれていたから、皇后は通訳を通してマタイ八章を読んだ。それはキリストによる病人のいやしが書いてあるところだ。李密医は皇后に尋ねた。

『弥師訶《メシヤ》（弥施訶）が彼をいやしてくださることを信じますか』

『公にはできませんが、信じます』

こうして李密医と皇后は共に祈った。すると、息子の病は奇跡的にいやされたそうだ。

彼女の心は感謝で満ちあふれた。それで、以後、光明皇后は慈善の働きを積極的にするようになった。

光明皇后は、夫である天皇から許可をもらって、身寄りのない貧窮の人、病人や、孤児などを収容した公設の救護施設『悲田院《ひでんいん》』を奈良の都につくった。

また、無料で病人に薬を分け与える『施薬院《せやくいん》』、無料で病人を世話する『療病院《りようびよういん》』などもつくった。そして皇后という身の上でありながら、そうしたところで自ら看護婦として働いたのだよ。日本の昔の絵を見ると、そういう光明皇后の姿が描かれている。

奈良の法華寺《ほっけじ》には、光明皇后が患者の膿《うみ》を吸って吐き出したという浴室が、今も残されている。皇后自身が、病人の背中をそこで洗って上げたというのだ。

ケン、これはいつの時代のことだと思う？　八世紀――今から一二五〇年も前の日本においてのことなのだ。ナイチンゲールや、マザー・テレサのようなすばらしい働きをした人物が、そんな昔の日本にいたのだよ！」

父だけではありません。私はまた、池田栄教授が、光明皇后がこのように愛に生きた背景には景教徒・李密医の影響があったと、書いているのも読みました。光明皇后のバックには、李密医がいた。

池田教授はまた、様々な歴史的調査ののち、日本に最初の孤児院をつくったのは「ラカ」という景教徒であったと思われる、とも書いています。

光明皇后について書かれた日本の一般の書物を読むと、多くの場合、光明皇后は仏教を篤《あつ》く信奉していて、このような慈善を行なったと書いてあります。しかし実際には、当時の仏教徒の間には、このような慈善の考え方や実践はなかったのです。

当時の仏教は、「悟り」を得て「最高の知性」を得ることを目的とし、慈悲の行ないをむしろ軽視していました。当時の仏教は国家安泰、鎮護《ちんご》の仏教だったのです。これは仏教学者自身が認めることです。

一方、景教徒の間では、こうした慈善はごく普通のことでした。アッシリアから延びるシルクロードのあちこちで、景教徒たちは光明皇后と同じようなことをしていました。景教徒であった李密医は、そのことを光明皇后に教えたのでしょう。

じつはアジアでなぜ景教が広まったかというと、それは景教徒の持つ高い医学的知識と技術、また彼らの福祉や慈善的奉仕によったことが、知られています。そのために景教徒は人々に尊敬され、景教を広めることができました。

たとえば中国で、景教を広めていたアブラハムという人物に始まり、彼の子孫は一五世代後まで医者として働いていました。彼らは人々のために無料の診療所を開き、そこで景教の福音《ふくいん》を人々に語っていたのです。

景教徒はアジアの各地で、悲田院、施薬院、療病院と呼べる施設を建設していました。このように光明皇后のしたことは、もともと景教徒たちがアジアで幅広く行なっていたことだったのです。

光明皇后の「諡《おくりな》」(生前の行ないに基づいて死後に贈られた名前)である「光明」も、じつは景教用語です。景教は〝光明の宗教〟と呼ばれたのです。

景教徒の中には優れた医師が多くおり、その医術により、多くの人々がいやされた。
おとうさんってすごいなー

景教徒たちは各地で、無料の教育、医療、福祉などを行なった。

患者の膿を吸った光明皇后

光明皇后については、彼女がハンセン病患者の膿《うみ》を吸って吐き出した、という古くからの伝説があります。

それまでの日本の社会は、ハンセン病患者に対して、どのような対処をしていたでしょうか。人々はまず、ハンセン病患者らを戸外の広い場所に集めました。そして彼らを藁《わら》の座布団にすわらせ、ご馳走《ちそう》でもてなし、そののち仏教の僧侶が今後についての説教を行ないます。最後に、その病人たちが泣き叫ぶ中、役人たちが藁に火をつけ、彼らを焼き殺したのです。

それが当時のハンセン病患者に対する処置だったといいます。しかし景教徒たちは、アジア各地で、ハンセン病の人々のために専用の収容施設をつくっていました。これはヨーロッパでも同様で、早くから専用の施設がつくられたことが知られています。

中世のフランシスコ会などは、ハンセン病患者を救う活動を行なったことで有名です。ハンガリーの聖女エリーザベトの献身的な看護活動も、よく知られています。光明皇后は彼らと同じような働きを、この日本で行なったのです。

光明皇后の死後約五〇〇年たった頃に書かれた書物に、次のような光明皇后に関する言い伝えが記されています。

光明皇后は温室（浴室）を建て、それを貴賤の別なく人々に施し、さらに自分がそこで看護婦のように仕えることを決意しました。皇后は、

「私は千人の垢《あか》を流そう」

と誓いました。周囲の者は思いとどまらせようとしましたが、誰も皇后の強い意志をはばむことはできませんでした。さて、皇后は九九九人の垢を流し、いよいよ最後の一人というときになりました。

その最後の一人はというと、かなり病の重い、ハンセン病患者でした。彼がそこに入るなり、異臭が部屋に満ちたといいます。これには皇后も驚き、あわてましたが、最後の一人と思い、皇后は辛抱して手を伸べ、背中をこすりにかかりました。するとその病人が言うに、

「私は悪い病をわずらって、長い間この出来物に苦しんでおります。しかしある医者の話では、誰かに膿を吸ってもらえれば、きっと治るのだそうでございます。でも世間には、そんな慈悲深い人もございませんので、だんだんひどくなり、このようになりました。皇后様は慈悲の深いお方で、人間を平等にお救いになります。一つこの私もお救いくださいませんか」

と。さすがの皇后もこのときばかりは、ためらいました。しかし皇后は心を決めて、彼の膿を吸い、それを彼女の美しい歯の間から吐き出しました。頭から足まで、出来物のあるところ、すべてをそうしたのです。そののち皇后は、

「さあ、これでみな吸ってあげた。慎《つつし》んでこのことを人に話さないように」

と言ったとのことです。すると病人は光明を放ったので、人々は驚きました。そういう物語が、古い書物（『元亨釈書《げんこうしゃくしょ》』）に載っています。

これは、仏教に関係のある過去の様々な出来事や人物を紹介した本で、一三二二年に記されたものです。著者は京都・南禅寺の僧侶、虎関師錬《こかんしれん》という人です。彼は光明皇后に関するこの物語を語ったのち、光明皇后の行為を批評して言いました。

「皇后が温室を建てたのはいい。しかし垢を流したり、膿を吸ったりすることは余計なことである。そんなことをしなくとも、誠さえあるならば、いつでも、どこでも仏を拝めるはずである。皇后の慈悲行為は常識を失っている……」

要するに、この仏教僧は、光明皇后の行為は仏教的でないと批判したのです。

けれども、彼女の行為は基督教的な思想からは、よく理解できるものです。

たとえばベルギーのカトリック宣教師で、ダミアン・ド・ブーステル神父（一八四〇〜八九年）という人がいます。ダミアン神父はハワイにいたとき、志願してモロカイ島のハンセン病患者収容施設におもむきました。

そして以後、物心両面にわたって、約八〇〇人のハンセン病患者を献身的に世話したのです。やがて自らも感染しましたが、死ぬまで彼らのために奉仕を続けました。光明皇后の心は、このダミアン神父の心と同じと言ってよいでしょう。

さらに聖書を見ると、キリストがハンセン病患者に手をふれて「きよくなれ」と言い、その病がいやされた記事がありますが、そのときキリストは、

「気をつけて、誰にも話さないようにしなさい……」（マタイの福音書八・四）

と言っています。光明皇后が「慎んでこのことを人に話さないように」と言ったのは、この聖書の話が

光明皇后（８世紀）は、皇后の身でありながら看護婦としても働き、あるときはハンセン病患者の膿を吸い出してあげたことがあったという。

光明皇后の悲田院、施薬院の置かれた興福寺（奈良市）。

背景にあるようにも思えます。

また、光明皇后の和歌が万葉集に出てきます（巻八「仏前の唱歌」中）。その和歌について和辻哲郎博士は、

「（この歌には）仏に対する感情が全然表現されていない点で、われわれを驚かすのである」

と述べました。さらに別の和歌において光明皇后は、「仏」に対してではなく、「神」に対して祈っています（同巻一九）。

かつて大正時代に、大正天皇の后は貞明《ていめい》皇后といいました。貞明皇后は、光明皇后のように慈悲に富み、（ハンセン病患者を救う）救癩《きゅうらい》活動を積極的に推し進めた人でした。人々はその功績を覚えて、後の時代に貞明皇后の誕生日は「救癩の日」とされて守られました。

貞明皇后の活動は、じつは当時の有名な基督教社会運動家、また救癩活動家であった後藤静香氏の働きを見たことがきっかけだった、といいます。貞明皇后は後藤静香氏を招き、救癩活動のために御下賜金《ごかしきん》を託すこともしています。

同じような事情が、光明皇后のときにもあったのではないでしょうか。貞明皇后のそばに後藤静香氏がいたように、光明皇后にそばには、李密医ら景教徒がいました。彼ら景教徒たちは、光明皇后にキリストの愛について語ったのです。

それが、光明皇后の愛に満ちた行為となって現われたと思われます。光明皇后は実質的に景教徒だったと言って過言ではないと、私は思っています。

光明皇后の姪もまた、景教徒でした。彼女は修道院に入り、そこで天国（天寿国）の光景を描いた大き

光明皇后の献身的な働きの背後には、景教徒・李密医らの影響があった。

な刺繍画《ししゅうが》をつくりました。そのすばらしい刺繍画は、今日も京都で見ることができます。

光明皇后の夫、聖武天皇は、あの「奈良の大仏」で有名な「東大寺」を建てた人として有名です。ところが、東大寺二月堂の「お水取り行法」の中に、景教の儀式に類似したものが多くあることが指摘されています（マリオ・マレガ「修二会《しゅにえ》の行法と西アジア原始キリスト教の儀式」『お水取り』一九六六年、三彩社刊）。

八世紀というような大昔に、景教はこの日本で大きな光明を放っていました。同じ時代、たとえばヨーロッパではどうだったでしょうか。恐怖政治と戦争にあけくれて、暗い世界となっていました。ところが、地球の裏側の日本では、大きな光明が輝いていたのです。

これは、ザビエルが日本にカトリックの基督教を伝えるより、はるか以前の話なのです。

聖徳太子伝説と景教

古代の日本において、景教徒が庶民の間に入り込んでいたこと、また聖書が知識人の間で読まれていたことは、次のような事実からもうかがえます。たとえば、聖徳太子にまつわる様々な伝説です。

聖徳太子が実際にどういう人物であったかについては、謎が多いとされています。しかし聖徳太子の死後、数百年経って、平安時代に聖徳太子に対する人々の尊敬がふくらみ、彼に関する多くの伝説が生まれていきました。そして不思議なことに、その聖徳太子伝説の中に、聖書の物語が転用されたふしがあるのです。

たとえば、聖徳太子は馬小屋で生まれた「救世菩薩《ぐぜぼさつ》」、すなわち一種の救い主とされています。聖徳太子は「厩戸皇子《うまやどのみこ》」と呼ばれますが、「厩」とは馬小屋のことです。久米邦武《くめくにたけ》博士は、これは、

〝マリヤが馬小屋でイエスを産んだ〟

とする基督教の話が、聖徳太子の伝説中に取り込まれたからだ、と推測しています。

また、聖徳太子誕生にまつわる他の伝説も、聖書の話によく似ています。たとえば、聖徳太子の母、間人《はしひと》皇后の夢に救世観音が現われ、太子の誕生を予告したとなっていますが、同様に聖書においては、マリヤの前に大天使ガブリエルが現われ、イエスの誕生を予告しています。

さらに伝説では、日羅聖人《にちらしょうにん》は聖徳太子を「救世観音」と呼んで礼拝し、そののちこの日羅聖人は暗殺されたとなっています。これは、バプテスマのヨハネがキリストを「救世主」と呼んで礼拝したが、のちにそのヨハネは暗殺されたという、聖書の記事にそっくりです。

『日本史の中の仏教と景教』の著者、冨山昌徳は、

「醍醐本《だいごぼん》『聖徳太子伝記』（一三世紀）には、聖徳太子が死んでよみがえった話が出ているだけでなく、本書全体の構成が『ヨハネ伝』を模《も》したものと推定される」

と書いています。さらに聖徳太子が、

「片岡山で飢えた者に衣食を与えたという話」

「それに続いて、その飢えた人がやがて死んで葬られたが、数日の後復活して、ただ棺《ひつぎ》の上には衣だけしか残っていなかった」

という話が『日本書紀』に載っていますが、これらも聖書を知っている人なら、

「どうも聖書に似ているなあ」

と思えてならないでしょう。キリストは、飢えた者に衣食を与えるなら決して報いからもれることはないと言い、それはキリスト自身に与えたのと同じだと教えました。そしてキリストが死んで葬られ、のちに復活した墓には、ただ衣だけしか残っていなかったと、聖書は記しているからです。

一方、聖徳太子は「大工の祖」と仰がれ、「大工の守護神」とされています。同様に、イエスの職業は大工でした。広隆寺でも、一月に「チョンナ初め」の儀式というのが今もあって、聖徳太子は大工の祖であるとしています。

聖徳太子にまつわる後世の伝説は、このように、もともと基督教だったものが数多く取り込まれているようです。池田栄教授はこう書きました。

「聖徳太子当時、基督教のなんらかの一派が、すでにわが国においてキリスト伝を伝えていたと思われる。そのために仏教徒の間に、このような一種の習合伝説が生まれたのであろう」

日本には、早くから基督教が入っていました。その考えが取り入れられ、あるいは対抗する形で、のちに聖徳太子のメシヤ化を図る人々がおり、そのためにこのような聖徳太子伝説が民衆の間に生まれたようです。

親鸞も読んだ景教の教典

京都の西本願寺といえば、親鸞《しんらん》（一一七三～一二六二年）が開いた浄土真宗の本山です。その宝物中には、親鸞も読んで学んだという『世尊布施論《せそんふせろん》』があります。

これは、じつは仏教の経典ではありません。

中国で七世紀に、景教徒によって漢語に訳された景教の教典なのです。それが日本にも持ち込まれていたのです。この「世尊」はシャカではなく、イエスです。内容も、イエスの「山上の垂訓《すいくん》」（マタイの福音書五～七章）に始まり、イエスの生涯、教え、基督教の救い等について述べています。たとえば、

「空の鳥を見よ。種まきもせず、刈り入れもしない。……あなたがたは食べ物や住まいのことで、心をわ

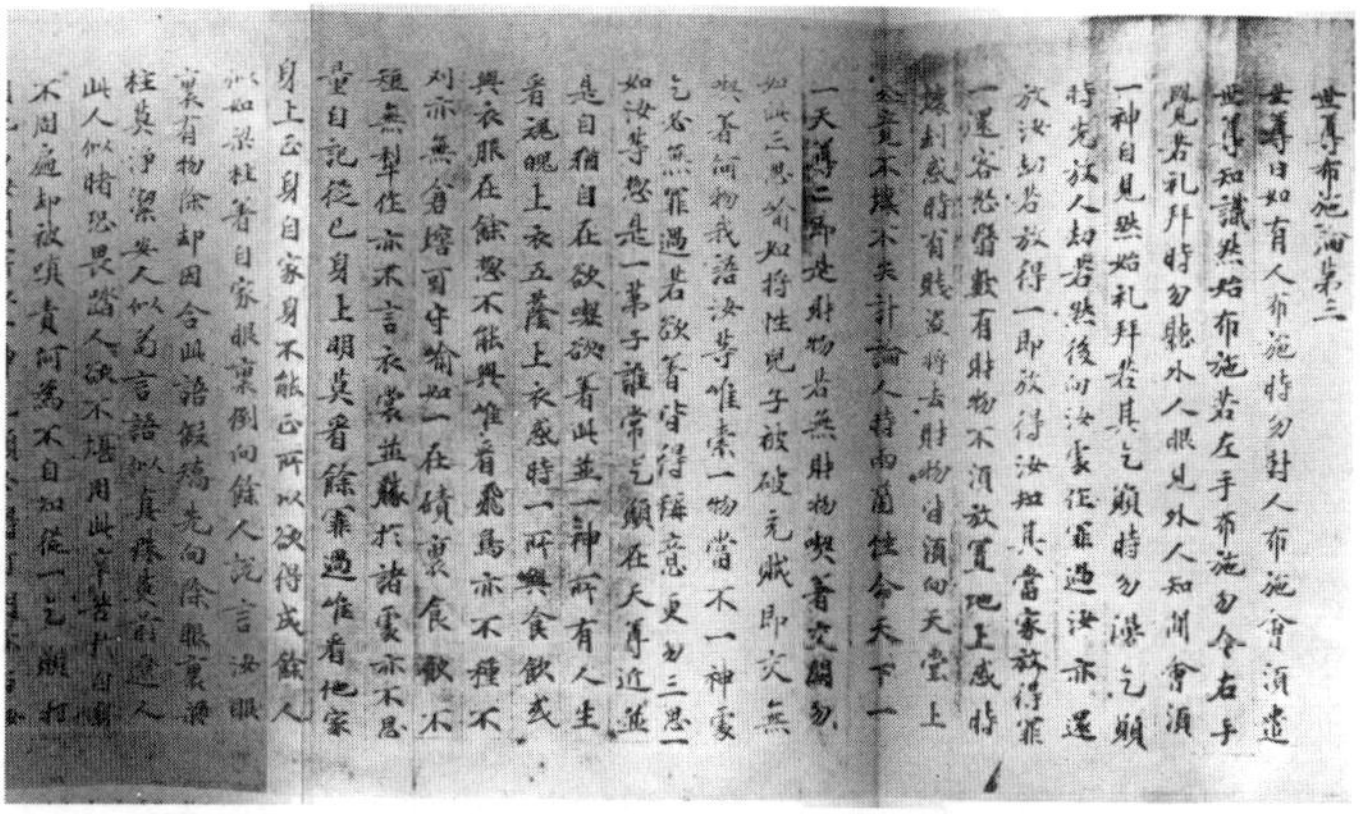
世尊布施論第三

親鸞も読んだ景教の教典「世尊布施論」

ずらわせ過ぎてはならない。……求めよ。そうすれば与えられる。たたけ。そうすれば開かれる。誰でも求める者に神は与え、誰でもたたく者に彼は開くのだ」

など、よく知られたイエスの教えもそこに書かれています。私は実際、西本願寺に行って、この『世尊布施論』について聞いたことがあります。寺の人に、

「景教の書物がこの寺に保管されていると、本で読んだのですけれども、それはありますか。見せてもらえないでしょうか」

と聞きました。しかし、何人かに聞きましたけれども、「いいえ、そういうものはありません」と言う。

「でも、こうやって写真まで出ているじゃないですか」

と、私が持っていた本を見せました。それでも「知らない」と言います。そのうち、私がねばって

いると、奥の方から責任者らしいおじいさんが出てきました。

「はい、たしかにあります」

と言ってくれました。「でも、大切にしまわれているものですし、古くて傷みやすい状態なので、普通はお見せしていません」とのことでした。「でも、どうしてもと言われれば、お見せすることもしていますが、それを撮影した写真がありますから、普通はその写真を見ていただいています」と。

それで、写真を見せていただきました。それは私の持っていった本のものと同じでした。こうして、西本願寺に景教の書物があるのは本当だと知ったのです。あの浄土真宗の開祖、親鸞が、これを何時間も読んで学んだということは、私にとっても感慨深いものでした。

親鸞という人は、「称名念仏《しょうみょうねんぶつ》」の信仰、つまり「南無阿弥陀仏《なむあみだぶつ》」の念仏を広めた人です。「南無阿弥陀仏」とは、「私は阿弥陀仏に帰依《きえ》します」「阿弥陀仏を信じます」というような意味です。

阿弥陀仏の名前を心に念じ、唱えるなら救われるというものですが、こうした仏の〝名を呼んだら救われる〟という考えは、もともと原始仏教にはなかったものです。じつは〝名を呼んだら救われる〟という考えは、もともと基督教のものなのです。聖書に、

「主の御名を呼び求める者は誰でも救われる」(使徒の働き二・二一)

と記されています。基督教では、イエスの救いを信じて、その御名を呼び求める者は誰でも救われると教えるのです。また、阿弥陀信仰自体、原始仏教にはなかったものでした。仏教史学の権威アルティ博士は、

「阿弥陀仏の教義は……インドでつくられたものではない。中国仏教は、カシミールやネパールから伝来

したもので、阿弥陀仏は、当時この地方に影響を与えたペルシャのゾロアスター教と、基督教に起因する」と述べています。アミダの名は、「無量光、無量寿」を意味するサンスクリット語「アミターバー、アミターユース」から来たものです。アミダは「無量光、無量寿」、すなわち無限の光と永遠の命の仏と言われているわけですが、これは『ヨハネの福音書』一章四節の、

「この方（キリスト）にいのちがあった。このいのちは人の光であった」

という聖書の言葉からとった思想であると、指摘されています。このように、親鸞の信じた「阿弥陀仏」は、いわば基督教思想を仏教に取り込んだものでした。

「行ない（修行）による救い」ではなく、「信仰（信心）による救い」を説いた親鸞の教えも、じつは、もとはといえば基督教から来ているのです。そのために親鸞は、景教の教典『世尊布施論』をも違和感なく読み、熱心に学ぶことができたのでしょう。

かつて一六世紀に、ドイツの宗教改革者ルーテル（ルター）は、聖書の「信仰義認」（人は信仰によって義と認められる）の真理を発見し、それを人々に説きました。彼は「行ないによる救い」ではなく、「信仰による救い」を説きました。宗教学者は、ドイツのルーテルと日本の親鸞を、よく比較して語ります。

じつはルーテルが「信仰による救い」を説いてから数十年後のこと、フランシスコ・ザビエルが日本にやって来ました。ザビエルは、日本で浄土真宗の人々を見ました。そのときに彼は、浄土真宗の教えがあまりにルーテルの教えに似ているので驚いたと、記録にあります。

ちなみに、「大秦《だいしん》景教流行中国碑」において、景教は「真宗」とも呼ばれています。これと、親鸞の開いた宗派が浄土「真宗」と呼ばれていることは偶然の一致でしょうか。それとも浄土「真宗」の名は、

す。

「真宗」と呼ばれた景教にならったものでしょうか。

日本の仏教徒は、古くから景教の教典や、景教の教えに親しむことが少なくありませんでした。そのために古来、日本の仏教の伝説や書物の中には、景教に由来すると思われるものが少なからず混入していま

たとえば、冨山昌徳はその著『日本史の中の仏教と景教』の中で、仏教僧・法然《ほうねん》（一一三三〜一二一二年）の伝記と、聖書との関係を指摘しています。法然伝の根本資料となった古書（『夢感聖相記』）の中には、聖書のイエスの「山上の変貌」の記事（マタイの福音書一七章）の内容が、同じ順序で転用されているというのです。そして詳しく解説しています。

ちなみに法然の母は、秦氏でした。

親鸞の先生が法然です。そして法然は、中国の僧・善導《ぜんどう》（六一三〜六八一年）の著作を通して信仰に入った人です。善導は、中国・唐の時代に浄土教を大成した僧侶でした。善導は「行ない（修行）による救い」ではなく、「阿弥陀仏への信仰による救い」を説いた人です。

ところが、彼がそれを説き始めたのは、ちょうど景教徒たちが中国に来て「行ないによる救い」ではなく、「救い主イエスへの信仰による救い」を熱心に説き始めたときでした。つまりここに、景教徒→善導→法然→親鸞という、一連のつながりを見ることができます。

浄土教が非常に基督教に似ている、と言われる理由もここにあります。

空海と景教

さらに、空海も景教と深く関係しています。

空海は九世紀に、船で中国に渡りました。

今のように飛行機でサッと行ける時代ではありません。遭難の危険も覚悟しながら行かなければならない、危険な航海ですが、それでも行ったわけです。このように当時は、日本に渡来人が来ただけではありません。空海のように、中国へ渡来していった人もいます。

彼は中国で学び、そののち帰国。日本に新しい仏教をもたらしました。昔の日本には、スケールの大きな人たちがたくさんいました。

私は、空海の開いた真言密教《しんごんみっきょう》の本山、高野山《こうやさん》（和歌山県）で、そこのお坊さんたちと話したことがあります。お坊さんたちは、空海と景教の関係を決して否定したりはしませんでした。むしろ積極的に、それに関して、向こうからいろいろ教えてくれたのです。

空海と景教の関係を、日本のキリスト教徒たちはほとんど知りません。彼らも知らないことを、なぜ高野山のお坊さんたちが、よく知っているのでしょうか。寺のお坊さんから景教という古代基督教について聞くとは、なんだか変な感じでした。

どうもお坊さんたちは、空海がそのように世界的大宗教であった「景教」などを取り入れて、包み込ん

空海の真言密教の本山、高野山にある景教碑の前で。通りかかった修行僧の方が、碑に書いてあることをていねいに説明してくれた。

京都大学が所蔵する景教碑の拓本の前で（ケン・ジョセフSr.）

だところに、むしろ空海の偉大さがあったという認識を持っているようでした。

高野山には、じつは中国・西安（旧長安）にある「大秦景教流行中国碑」の模造碑が置かれています。これは景教研究家のエリザベス・A・ゴードン女史によるものです。模造碑は、高野山、また京都大学にもあります。

なぜ、空海の開いた真言密教の総本山に、景教の碑があるのでしょうか。そしてなぜ、それが日本の教会にないのでしょうか。私は高野山に行って、その景教碑を見ました。

また、そこの寺に行くと、不思議なことにあの有名なキリシタン大名、高山《たかやま》右近《うこん》（一五五二〜一六一五年）の兜《かぶと》が飾ってあるではありませんか。兜には十字架がついていました。どうして仏教・真言宗のお寺に、基督教関係のものがあって、先祖代々大切にしまわれているのでしょうか。

そんな疑問から、私の高野山研究は始まったのです。私は景教碑の前で、そこを通ったお坊さんを呼び止めて、その漢文をゆっくりと読んでもらいました。とても親切に、時間をかけて教えてくれました。空海のことも彼に聞きましたら、

「空海の実家は佐伯さんというのですよ」

とのこと。「えっ、あの佐伯好郎先生の姓と同じじゃないの？」などと驚きながら、いろいろ聞いてしまいました。彼はまた、もし興味があるなら、高野山大学の図書館に資料がありますよ、と教えてくれました。

　そこで私は高野山大学の図書館に行って、ゴードン女史の資料はないか探したのです。でも、見あたらないので、カウンターの係の人に尋ねました。ところが、

「いや、そんなものはここにありませんよ」

と言う。また「ないと言ったら、ないんです！」とまで言うので、どうも変だな、と思いました。私はいろいろな土地へ行って調べたことがありますから、なんとなくピーンときました。焦ったような答えをしたり、口ごもったりするようなときは、必ず何かあります。

　私はそばにあったイスに腰掛けて、しばらく黙っていました。ふと気づいたら、私の隣に、おじさんが一人すわっているのです。彼は私にそっと話しかけて、

「お探しのものは、〇〇〇の〇〇段目にありますよ」

と囁《ささや》きました。かなり驚きました。すぐさま私は先ほどのカウンターに行って、

「すみませんが、〇〇〇の〇〇段目にある本を見せてください」

と尋ねると、係の人は驚きと怒りの混ざった表情で、「えっ！　誰に聞いたんですか」と聞き返してき

ました。

「ああ、あそこの方が……」

と言おうとして、私は後ろを振り向いたのですが、そこにはもう誰もいませんでした。

とにかく、その本を見せてもらいました。なんと、それこそまさしく、あの景教碑を建てたゴードン女史の著書だったのです。その本は、自分で探したら絶対見つからないような場所にありました。

ゴードン女史は、かつて夫の仕事のために日本へやって来ましたが、そのあいだ仏教、とくに真言宗について詳しい勉強をしていたのです。そのなかで、だんだん不思議なことが見えてきました。これはどうもおかしい、と気づいたのです。そこから彼女の景教研究が始まりました。

彼女は自ら高野山におもむいて、お坊さんたちに、自分がどれだけ真言宗のことを学んだか話しました。お坊さんたちは喜んだそうです。そして気にかかる景教のことを、恐る恐る聞いてみたのです。不思議なことに、お坊さんたちはいとも簡単に、

「ええ、うち（真言宗）は景教から来ていますから」

と答えました。さらには、「うちは単なるグレた景教にすぎないんです」と。

外国人だから、普通なら言えないホンネで話してくれたのでしょうか。でも、ここまで来ると、こっちが拍子抜けしてしまいます。

景教にふれていた空海

私はこういう話を、日本の古代史の学者として有名な方にお話ししたことがあります。ところが、

「空海が景教の教えを取り込んだなんてことはありません」

と否定するのですね。景教は基督教で、空海の伝えたのは仏教だから、まったく違う教えですよと言う。

アカデミックな学者は、空海と景教のつながりが理解できない。しかし、空海の伝えた仏教（密教）をよく知っている高野山のお坊さんたちは、

「ええ、うちは景教から来ていますから」

と、いとも簡単に認めるのです。私自身、高野山のお坊さんに聞いてみました。

「空海は中国で景教を学んだのでしょうか？」

「ええ、そうですよ。実際、今も高野山では、儀式の最初に十字を切ります。これは景教の儀式から来ています」

「えっ、十字を切る？　それは私も見ることができますか。じつは私は景教徒なのです。私の先祖もそうでしたし、私もそうです」

と言うと――なんと言いますか――お坊さんは顔を輝かせて、〝ああ、これはお世話になっています！〟という感じでしょうか。大変喜んでくださったのです。

「それはそれは、明日朝五時半にいらっしゃい。ちょうど法要があるから、それに来れば見られますよ」

そう言われて翌日、参加してみました。たしかに礼拝の最初に十字を切っていました。

かつて景教徒は、重要な儀式のはじめに十字を切ったことが知られています。彼らは入信した人に洗礼を授けるようなときも、十字を切りました。胸の前で、あるいは空を切る形で十字を切るのは、景教の風習だったのです。

その風習が、密教に取り入れられている。お坊さん自身が、今も法要の最初に切る十字は「景教の儀式から来ています」と言うのです。また、高野山奥の院御廟前の灯籠に十字架がついているのですが、冨山昌徳はこれについて書いた文章の中で、

「これは疑いもなく景教の十字架である」

と述べています。

空海はどうして、景教にふれるようになったのでしょうか。

空海は、唐の時代の中国にわたりました。けれども渡る前に、すでに日本で、古代基督教徒であった秦氏、あるいは景教の人たちと接触していたようです。

空海の出身地、讃岐《さぬき》（香川県）は、じつは秦氏の人々が多く住んでいるところでした。その地には景教徒も多かったでしょう。また、空海の先生であった仏教僧「勤操《ごんぞう》」（七五八〜八二七年）も、もとの姓を秦といいました。

空海は彼らのパワーに驚き、基督教、景教のことをもっと勉強しようとして、彼らの紹介で当時アジアの基督教の中心地であった中国の長安に行ったのだ、と述べる人々もいます。

そのとき、のちの天台宗の開祖・最澄《さいちょう》も一緒に、唐にわたりました。最澄は日本に帰るとき旧約聖書を持ち帰り、一方、空海は新約聖書を持ち帰ったということです。ところがのちに、空海は最澄とケンカをしてしまいます。

つまり二人は、景教徒たちが中国で漢文に訳した聖書を、分けて持ち帰った。じつは天台宗と真言宗の違いはそこにあるのです、と。——これは高野山のお坊さんから聞いた話です。また、岡山県の大学で教授をなさっていた岡本明郎先生も、これについて長年研究して、そうおっしゃっていました。

高野山では、空海の持ち帰った新約聖書が読まれていた、と聞きます。今も某所には、空海の持ち帰った『マタイの福音書』が保管されていると。こういったことを、当時ゴードン女史が熱心に調べて、その結果、今の高野山に景教の碑が立つに至ったわけです。

一般に、九世紀に空海は唐の時代の中国にわたり、そこで仏教を学んで、それを日本に持ち帰って広めたとされています。空海が持ち帰った仏教は「密教」といって、シャカが説いた原始仏教とは似ても似つかない教えでした。ある学者は、それは〝景教と混合した仏教だった〟と述べています。

空海は中国にいる間に、景教に関してかなりの知識を吸収しました。彼が行った中国の長安には、すでに景教の教会が四つもありました。空海のいたところは、景教の教会のすぐ近くでした。

彼は景教徒の景浄《けいじょう》という人物にも会ったと言われています。この景浄は、「大秦景教流行中国碑」の碑文を書いた景教僧です。空海は他の景教僧とも、長時間にわたって会ったことが知られています。空海はまた日本で、死に就《つ》こうとするとき、

「悲しんではいけない。わたしは……弥勒《みろく》菩薩のそばに仕えるために入定《にゅうじょう》（死ぬ）するが、五六億七〇

〇〇万年ののち、弥勒と共に再び地上に現われるであろう」(仏教では、弥勒が現われるのは、約五六億七〇〇〇万年の未来とされている)

と言いました。将来人々を救いに来るという「弥勒」の出現のときに、自分も復活するというこの信仰は、原始仏教にはなかった思想です。これはまさに、

〝キリストが再臨《さいりん》(再来)するときにクリスチャンは復活する〟

という基督教信仰、景教の信仰と同じものです。

先に述べたように、弥勒信仰は、基督教やゾロアスター教の思想が仏教の中に取り込まれて生まれたものです。空海の述べた「弥勒」の真の姿、あるいは元の姿は、じつは景教徒たちの信じていたキリストにあるのだと私は思っています。

空海は景教徒だった⁉

このように空海の説いた真言密教は、じつは景教と混合した仏教だった、ということが言われます。それは一つの理解です。しかし別の学者は、もっと大胆な仮説を言っています。じつは空海は、日本で景教徒になったのだと。

彼は日本にいたときに、秦氏や景教徒にふれて景教徒になり、「もっと景教を学ぶために」中国へ行ったのだというのです。中国へ行ったのは仏教を学ぶためではなくて、じつは景教の本場でもっと学びたか

ったからだった。

そして彼は中国で景教を身につけて、帰国。高野山を一種の景教の修道院のようにしていた。

けれども、後世の人々は、やがて空海を〝仏教の大宗教人〟として宣伝するようになります。その際、後世の人々は、空海の言葉を全部仏教的なものに変えたりはしませんでした。だいたいの基本線は元のままにして、若干、幾つかのものを仏教的な表現に変える。

やはり空海への尊敬がありますから、そういうふうにする。こうして、「空海の教え」とされるものが後世に伝わっていったのではないか、と思われるのです。

こうした仮説は、ある人は、「行きすぎではないか」と思うかもしれません。しかし、後に述べる聖徳太子のこともそうですけれども、日本の歴史を見ると、仏教でないものが仏教に変えられてきたということが、実際何度もありました。それで私は、それもあり得ると思っています。

空海の説いた密教の儀式には、十字を切るという景教の風習が見られるだけではありません。ほかにも、景教の儀式を様々に取り入れているのがわかります。

密教には「灌頂《かんじょう》」という儀式があります。空海自身、それを立派な信者になったしるしに受けました。しかし、灌頂は真言宗以前にはなかったものです。これはじつは、基督教の洗礼式を取り入れたものと指摘されています。

空海は灌頂を受けて、「遍照金剛《へんじょうこんごう》」という灌頂名を授かりました。「遍照」とは〝広く照らす〟の意味で、これは景教徒の訳した漢語聖書『マタイの福音書』五章一六節の、

「あなたがたの光を人々の前で輝かせ」

京都の東寺。空海による真言密教の道場であった。（講堂）

から取ったものでしょう。空海が、自分の師、恵《けい》果《か》和尚《わじょう》から授けられた灌頂用の金属製の器は、ペルシャのものを真似たものと言われています。そして景教で香炉が使われていたように、密教でも火舎香《かしゃこう》炉《ろ》を用います。

京都に、空海による真言密教の道場、東寺《とうじ》という寺があります。そこのある執行職の家に、十字架を使った秘密の祭があって、私の友人はそれを実際に見たことがあると言っています。それは明らかに十字架であったと。

また東寺には、「天使」を描いた古代基督教の美術様式によく似た絵があります（牛皮華鬘《けまん》　一〇八六年製作）。同じような天使の絵は、岩手県の中尊《ちゅうそん》寺《じ》にもあり（華鬘）、さらに中央アジアの景教遺跡にも見いだされています。

真言密教ではまた、病気平癒《へいゆ》のための加持祈禱《かじきとう》ということを行ないます。人々の病気が治るように祈ってくれるわけです。真言密教が民衆に広まったのは、この加持祈禱ということがあったからです。仏教の他の宗派でも、加持祈禱を行ないます。

ところが原始仏教には、そういう病気を治すための加持祈禱というようなものはありませんでした。かつて中国において、景教徒たちは、人々の「病気平癒のための祈り」ということを盛んに行なっていました。仏教界が病気平癒の加持祈禱を始めたのは、それに刺激されてのことだったと、学者が述べています。

景教と大文字火との関係

以前、私の父が、空海の母の家系にある阿刀《あと》弘文僧正《そうじょう》という方と対談したことがありました。この方は、高野山真言宗の僧侶です。

彼は僧正という、仏教教団の高い地位にありながら、景教と、真言密教および神道との関係についての研究に生涯を捧げた人です。もう亡くなられましたが、対談の中で僧正はこう言っていました。

「京都・大文字山《だいもんじやま》の大文字火《び》は、弘法大師《こうぼうだいし》（空海）が景教から取り入れてやったんだと、ゴードン女史が言っていました」

大文字火というのは、お盆のときに「大」の字をかたどった送り火をたく行事です。そういえば、じつは「お盆」というのは、もともと仏教の行事ではありません。サンスクリット語の仏教文献に「お盆」は出てこないのです。

それは中国で、ペルシャ系のソグド人や、景教徒の影響を受けて始まったものです。それをのちに空海

京都の大文字火は、弘法大師（空海）が景教から取り入れて始めたものだと、ゴードン女史は語っていた。

らが日本に持ち帰って、広めました（詳しくは『日本・ユダヤ封印の古代史2　仏教・景教篇』徳間書店刊）。僧正の話は続きます。

「ゴードン女史は、しばしば大文字山に登っていました。その感激を満喫している最中、あるとき不思議にも、大文字の火着け場から、自然に『十』の字が現れている石を見つけて拾いました。それに感極まり、それが動機になって景教碑のコピーを高野山に建てる、ということになったのです。……

その石は、今は私の家に祭ってあります。その祭ってあるところを毎年八月に開けて、拝むことにしています。そういうわけで私は以来、景教に関心があります。……景教研究で有名な佐伯好郎さんにこのことを言ったら、喜んでくださって、私の研究室に景教の額を送ってくれました。『なにとぞ生涯、研究を続けてください』と私を激励して。佐伯さんと私の交際は、そこから始まったのです」

　僧正はまた、景教と日本神道の関係についても、こんなことを言っています。

「日本に来た景教徒、李密医は『マタイの福音書』を持ってきました。彼は二一隻の船の一つに乗り、韓国のある島を経て日本に来たと、毎日新聞の記事が八年前に報じていました……。

　李密医は日本に来て、天皇から位《くらい》を授かったと記録にあります。しかし、何という功績によって位をもらったのか。

　日本は神の国、すなわち神国日本、……これを人々は自ら自覚したのではないでしょう。誰か教えた者がいる。

　日本の神道には、三社託宣《さんしやたくせん》ということがあります。真ん中に天照大神、また左に八幡様、右に春日様（春日大明神）。一種の三位一体なるものがある。三つが一体ということを、いったい誰が教えたのか。この三社託宣というような観念は、仏教にも儒教にもありません。仏教や儒教では説明がつかない。しかし景教を持ってくると、すぐ割れるんだ。……

　また、万葉集には『僕《しもべ》』の歌がたくさんあります。その僕の思想は、日本の仏教にも儒教にもなかったものです。『うちてしやまぬ』とか、万葉集には僕の歌が多いが、この思想は景教によって説明できます」

「京都の祇園祭も、薙刀《なぎなた》も、基督教から来たものです。大文字山の火祭も、もとは基督教です」

仏教は取り込む宗教

このように、日本の様々な宗教的伝統や風習を見てみると、日本人が「純粋な仏教」と思ってきたものが、じつはそうではない、という場合が多いのです。親鸞の教えにしても、空海にしてもそうです。

そこには多くの場合、景教をはじめとする古代基督教などとの混合、あるいは習合があります。これは、仏教というものの特徴なのだと私は思っています。「仏教が他の教えに影響された」のではない。仏教はもともと〝様々な教えを取り込む宗教〟です。

私は以前、アメリカに行っていたとき、景教の教会を訪問しました。アメリカにも景教の教会があるのです。集まっている人々はアッシリア人がほとんどで、礼拝は、祈禱《きとう》も聖書も説教もアラム語で行なわれます。そこへ行ってみて、私が最も思ったことは、

「あれ、ここはアメリカだし景教の教会なのに、なんだか日本の仏教のお寺にいるみたいな感じだな」

ということでした。たとえば、仏教の法事では、会衆《えしゅ》もお坊さんもみな前を向いていますね。それと同じように景教の教会でも、牧師や会衆はみな前を向いているのです。彼らの前には一種の祭壇があって、うやうやしく幕でおおわれていました。

また、普通プロテスタントなどの教会では、牧師の説教が礼拝時間の大半を占めます。しかし景教の教会では、牧師が〝読経〟のようなことを延々と行なうのです——一時間も二時間も。その〝読経〟がこれ

ほどです。

また独特の節《ふし》まわしで、聞いていると、まるで仏教のお坊さんの読経を聞いているのかと錯覚してしまうほどです。

仏教のお寺に行くと、線香の煙とにおいが、お堂の中に満ちています。それと同じように、私が行った景教の教会でも、香炉《こうろ》から立ち上る煙とにおいが会堂中に満ちていました。香炉から立ち上る煙を、人々は手で自分の体にかけるようにします。それが祝福をもたらすからだといいます。ちょうど仏教の寺で、人々が煙を自分の体にかけているのと同じ風習です。

じつは線香とか焼香《しょうこう》の風習は、もともと仏教の風習と思うかもしれませんが、そうではありません。仏教にははじめ、そうした風習はありませんでした。一方、インドや中国、日本にやって来た東方基督教徒たちはみな、香炉などによって香をたく風習をはじめから持っていました。ユダヤ人も、礼拝のために香をたく風習を、モーセの「幕屋《まくや》」（神殿の原型）の時代から持っていました。

仏教の寺ではまた、信者は手に数珠《じゅず》を持っています。それと同じく、私が見たその景教の教会でも、信者は手に数珠を持っていました。数珠も、仏教の発明と思っている方も多いと思いますが、そうではありません。ローマ・カトリック信者も昔から数珠を使います。また東方基督教会でも、昔から数珠を使っていたのです。

一般に、仏教における数珠の発案者は、中国、隋・唐時代の僧、道綽《どうしゃく》（五六二〜六四五年）だったと言われています。しかし、これはちょうど中国に初めて景教が入った時代で、景教徒の風習であった数珠が、仏教にも取り入れられたものと思われます。

また、景教の教会では、ろうそくを立て、あかりを灯しています。祈りたい人はろうそくを買い、それをろうそく立てに立てて祈るのです。これも、仏教の寺に同じ風習があります。

祈りのはじめや終わり、起立したりすわったりする際に、ベルの音が鳴ります。また聖水があり、牧師の服装も、何となく仏教のお坊さんのものに似ています。

私は、アメリカのその景教の教会で、美しい服装をした年輩の女性を見ました。その姿や服装が、何というか、まるで「観音様」といった感じなのです。ひょっとしたら、日本の各地にある「観音像」の服装や姿のルーツは、こういうところにあったのではないかと、思わされてしまいました。

一方、私は以前、長崎の天草資料館に行ったとき、あることを思わされました。

その資料館の敷地には、天草《あまくさ》四郎《しろう》の銅像が立っていました。天草四郎は有名なキリシタンです。彼の首には、十字架の首飾りがかけられています。しかし、ちょうど胸の前で手を合わせているので、その十字架がよく見えないようになっていました。

そして、銅像の天草四郎の顔が、なんとなく〝菩薩顔《ぼさつがお》〟に見えるのです。見ようによっては、その銅像が〝天草四郎菩薩〟または〝天草四郎観音〟といった感じです。もしかすると、あと何百年、あるいは一〇〇〇年も経てば、天草四郎は〝仏教の聖人〟として人々の崇拝を集めるようになってしまうのではないか、とさえ私には思われたのです。そのとき私は、

「そうか、これが日本の歴史の中で起きてきたことなのだな」

と思いました。はじめは基督教のものでも、仏教の強い地域では、時代が経つと、それが仏教の一部として取り入れられてしまうという現象が起きるのです。

「仏教が基督教に影響された」というより、他を取り込むのが仏教です。つまり、私たちが「これは仏教

景教の教会の礼拝（アメリカで）

まるで観音様のような姿の女性。礼拝後の愛餐会で。

だ」と思っているものの多くが、じつはもともとは基督教のものだったのです。

日本には、本来的な仏教はほとんどありません。かつて京都で世界仏教大会が開かれたとき、東南アジア各国から集まった代表者たちは、日本の仏教を見て、

「これでも仏教か？」

と驚いたという話があります。それくらい、変わっている。ですから本来の仏教（原始仏教）と、日本仏教との〝差〟に着目してみると、そこに、日本仏教がこれまでの歴史の中で内側に取り込んできたものが見えてきます。

これは仏教を批判しているのではありません。じつは、批判したい相手はむしろ、今日の基督教会なのです。というのは、こうした仏教の姿を見るとき、〝今日の基督教会が失ってしまったもの〟をそこに見ることができるからです。

今日の基督教は、プロテスタントにしてもローマ・カトリックにしても、西洋の基督教です。そこには、本来の基督教からかけ離れてしまった部分がかなりあります。しかし昔、景教には、本来の基督教の姿がよく保存されていました。その記憶が、皮肉にも仏教の中に一部残されているのです。

景教と、西洋の基督教とを比べてみると、しばしば大きな違いがあることに気づきます。その違いを、私たちは仏教の中にかいま見るのです。

ザビエルの説いたのは「新しい神」ではなかった

ところで、空海が説いた仏は「大日如来《だいにちにょらい》」でした。

日本の仏教では、三種類の仏が考えられています。まず、大日如来（大ビルシャナ仏）のように、宇宙の真ん中に座し、真理そのものとされるような仏は「法身仏《ほっしんぶつ》」と呼ばれています。

また阿弥陀仏のように、形なき法（真理）を具現化し、法身仏をもっと身近にしたような仏を、「報身《ほうじん》仏《ぶつ》」と呼んでいます。

さらに、歴史上に現われたシャカのような仏を、「応身仏《おうじんぶつ》」と呼んでいます。

そして仏教徒は、これらの仏は三つの異なった仏というわけではなく、じつはすべて一体なのだと述べるようになりました。これを「一身即三身」または「三身即一」と言います。もちろんこれは、原始仏教にはなかった考え方です。

じつは中国で発見された景教の教典を読むと、神の三位一体のことを、漢語で「三一妙身」と記しています。景教の「三一妙身」と、日本仏教の「三身即一」――どうも雰囲気が似ているようです。

実際、内容的に見ても、法身仏は基督教でいえば天の父なる神、報身仏は永遠のキリスト、応身仏は歴史上のキリストに、よく似ています。ある学者は、「法・報・応の三身が一つである」という仏教の主張は、基督教の「神とキリストの一体論」の仏教版、あるいは仏教的に衣替えしたものだと述べています。

先に述べたように、フランシスコ・ザビエルは弥次郎から、日本人の宗教についていろいろ聞きました。日本では三種類の仏が信仰されていて、それらの三つの仏は一体とされている、と弥次郎はザビエルに言いました（イエズス会宣教師ランキロットの手紙。一五四八年）。ザビエルは、弥次郎から密教の儀式などについてもいろいろ聞いて、どうも日本の仏教は基督教に似ている、基督教が混入しているのじゃないか、と感じました。

日本仏教の「大日」の教えは、基督教の「神」によく似ていると思われたのです。それで弥次郎は、デウス（神）を「大日」と訳しました。ザビエルも「神」を説くとき、「大日」と言いました。

そのため当初、ザビエルの説いた教えは、仏教の別派と間違われたくらいです。しかしザビエルは、こう言って人々に彼の信じる神を説きました。

「私は新しい神様を伝えに来たのではありません。みなさんが信じている大日様の本当の姿を話しに来たのです」

ザビエルが最初に宣教をした地、山口は、大日の信者の多いところでした。そこは当時、小京都とも呼ばれていました。こうして山口から、ザビエルの説いた基督教は広まっていきました。人々は彼の話を聞いて、

「なーんだ、俺たちが信じていた神様は、こういう方だったんだ」

と原点に帰ることができたのです。ザビエルもまた、在来の宗教を全否定するのではなかった。「みなさんが信じている大日様の本当の姿を話しに来た」という伝道の仕方をしたのです。

日本の歴史は仏教だけだ、と言われてきました。日本人の多くは今もそのように思っています。しかし、

これはフェアではないと思うのです。中国仏教や日本仏教は、じつは非常に早い時代から基督教、とくに景教と深くかかわって、それを仏教的な装いに変えていました。

日本人は、やはり自分の国の歴史を正しく知るべきだと思います。何もかもが仏教なのではなかった。何もかもが神道なのでもありません。自分の国の本当の歴史を、やはりきちんと知らなければ、いつまでも日本人は自分の本当のルーツを知ることができないと思います。

昔、アジアには様々な宗教が存在していたのです。仏教やヒンズー教、バラモン教だけではない。景教があり、ゾロアスター教があり、イスラム教があり、マニ教がありました。仏教以外のアジアがありました。仏教以外の中国がありました。それと同様に、仏教以外の日本があります。

仏教も大きな役割を果たしてきました。しかし、アジアでも日本でも、仏教以外の歴史があったのです。それを知ることは、日本の民族的起源、文化的起源を知る上で、大変重要なことだと私は信じています。過去を、ルーツを正しく知ることによって、現在がわかり、進むべき未来の適切な方向性も見えてくるからです。

仏教以外の日本がある

先日、伊勢神宮の東京事務所にいらっしゃる宮司《ぐうじ》さんと、お話しする機会がありました。この同じ話をしたのですが、「おっしゃる通りです」と、うなずいてくれました。

神道という宗教は、歴史を非常に大切にします。基督教もそうです。ユダヤ教も、イスラム教もそうです。それらはすべて歴史上の事実、出来事に基盤をおいた宗教です。歴史上の事実をいいかげんにしたら、その教え自体が成り立たなくなります。

しかし、仏教はそうではありません。ある仏教学者は、

「仏教には歴史意識というものがない」

と述べました。たとえば、阿弥陀仏が本当に歴史的実在であったかどうか、などといったことは仏教では問題にされないのです。

仏典には、阿弥陀仏は「一五劫《こう》の昔」(一劫は四三億二〇〇〇万年)、つまり六四八億年前に、地球上で一人の人間であったと書いてあります。けれども仏教では、それが本当に歴史的事実であったか否かは、どちらでもかまわないといいます。ただその人の信仰の中で、はっきりした実在になっていればいいと言う。

けれども、こうしたことは基督教や、ユダヤ教や、イスラム教などでは考えられないことです。たとえば基督教では、イエス・キリストの歴史的実在を信じています。それが歴史的実在であろうとなかろうと、かまいませんよ、とは言いません。

歴史的な事実というものを、非常に大切にします。だから、私は日本の歴史というものを考えるとき、非常なもどかしさを感じるのです。

中国では、非常に古い時代から膨大な量の年代記がつくられ、古代からの歴史が詳しく書き残されていました。ところが日本では、残念ながら、信頼できる歴史書がほとんどありません。

日本にも昔、たくさんの歴史書や大切な書物を一堂に集めた、朝廷図書館がありました。ところが西暦

六四五年、その朝廷図書館に仏教徒が火を放ち、みな焼いてしまったのです。たいせつな歴史書を、みな焼いてしまった。

「蘇我臣蝦夷《えみし》らは殺される前に、すべての天皇記、国記、珍宝を焼いた」

と『日本書紀』に記されています。日本で現存最古と言われている歴史書である『古事記』でさえ、その図書館焼失後六七年もたって（七一二年）、ようやく書かれたものです。その『古事記』といったら、たくさんの神話で書かれていて、どこまで信用していいのかわかりません。

明らかに、当時の為政者に都合のいいように、過去の歴史が書き換えられている。『古事記』や『日本書紀』の記述には、高句麗《こうくり》や、百済《くだら》、新羅《しらぎ》といった朝鮮半島由来のものが多いのです。日本史を研究しているある米国の学者は、

「これは韓国の歴史ではないか」

と言ったほどです。ほかにも、日本の歴史は何度も事実が曲げられて、人々の知らないところで書き換えられてきました。あるときは神道の立場から、あるときは仏教の立場から、それらに都合のいいように過去の歴史が書き換えられてしまったのです。

だから、日本人はいまだに、自分たちの古代の歴史について、ルーツについて、本当のところを知らないでいます。

しかしこれから先、日本が偉大な国になるのであれば、真実の歴史をきちっと伝えていかなければなりません。神道以外の日本、仏教以外の日本もあったということを、伝えていく必要があります。

日本には、まだ一度も調査されたことのない古墳とか、公開されていない考古学的遺物とかがたくさん

あります。そういうところをもっと調べることができるなら、もっと過去がはっきりするのに、宮内庁は調べさせてくれません。

以前、『騎馬民族征服説』で有名な江上波夫教授とお話ししたときに、先生は毎年、宮内庁に調べさせてくれと言っているのだけれども、全然許可してくれないと、不満をこぼしておられましたことがありました。日本にはそういうタブーが多すぎるように思います。

江上教授はまた、中国で調査して、一万点にも及ぶ景教の遺物を日本に持ち帰ったことがあったと、私の父と私に語ってくださいました。しかしその後の戦争の混乱で、みな失ってしまった。江上教授はまた、中国で景教の教会跡も見つけたそうです。そして、死ぬ前にもう一度調査したいと思っているけれども、まだ果たせないでいると、おっしゃっていました。

じつはこの中国での調査はもともと、ローマ・カトリック教会の聖遺物を見つけるために、ローマ・カトリックの信者から三〇〇万ドルもの援助を受けて行なったものだそうです。

ところが、彼が見つけたものの大半は景教に関する遺物だった。どこを調査しても、黒い十字架（景教の十字架）があったといいます。現地の子どもたちは、地面に落ちているその十字架で遊んでいたりしました。

今後、もっと様々なことがわかってきてほしいと思います。しかし現時点で、私たちにわかる限りの範囲において、日本のルーツの真実をここで探ってみたいと思います。

第４章

日本人のルーツ＝シルクロード

日本のルーツはシルクロードと共にある

日本の歴史とルーツは、深くシルクロードにかかわっています。

日本の古代や中世は、中国大陸と朝鮮半島との交易によって形成されてきたという見方が、よく学校の教科書などに書いてあります。しかし、本当はそれ以上に、日本の古代と中世はシルクロードにかかわってきました。

中国大陸と朝鮮半島というのは、シルクロードからやって来た、ものと人の、単なる通り道にすぎません。もちろん、そこ独自のものが日本にやって来たこともありますが、たいていは、それよりもっと向こうのシルクロードの国々から、もたらされたものなのです。

シルクロードというと、日本人の多くは、たいてい仏教関係の遺跡や寺院跡などを思い浮かべるようです。日本で発売されている書物や絵画、番組を見ると、あたかもシルクロードは仏教徒の通り道であったかのような印象を受けます。

しかし仏教は、シルクロードを伝わったものの、ほんの一部にすぎません。シルクロードには、様々な宗教、民族、文化が行き来しました。ユダヤ人や、景教徒、イスラム教徒、マニ教徒、ゾロアスター教徒、そのほか様々な人々が行き来したのです。

歴史上、シルクロードを通った波には、大きく分けて七つあります。まず第一の波から見てみましょう。

第一の波　人類の離散

最初にシルクロードを通った第一の波は、中近東地域からの人類の離散です。これは、ずいぶん昔のことになります。

人類には、大きく分けて黄色人種、白色人種、黒色人種――または最近の分類に従って、モンゴロイド、コーカソイド、ニグロイドというような人種の分類があります。しかし科学者によれば、そのように人類を幾つかの人種に分けるとしても、すべての人種はある共通の祖先から出てきたということです。

たとえば、モンゴロイドの祖先がアジアで生まれ、コーカソイドの祖先がヨーロッパで生まれ、ニグロイドの祖先がアフリカで生まれた、というようにそれぞれの人種が別個に、別の場所で発生したと考えることは、できないのです。

人類のすべては、ある共通の祖先、共通の父祖から分かれ出ました。これは様々な分野の科学の結論です。米国ラトガース大学の人類学部主任教授アシュレー・モンテギュー博士は、こう述べました。

「人間の仲間にはいろいろな変異があっても、そのすべては同一の種に属し、人類は遠い時代の同一の先祖から出ている。これは比較解剖学、古生物学、血清学、遺伝学などの明白な証拠すべてに基づく結論である」

人類はすべて共通の先祖を持ち、一つの地域に発生し、のちに分かれ出て、世界に離散しました。コーカソイドの人々も、モンゴロイドの人々も、ニグロイドの人々も、共通の先祖――一組の男女から分かれ出て、みな同じ地域に生まれ、そこから後に離散したのです。

さて現在、コーカソイド（白色人種）の人々は、おもにヨーロッパに住んでいます。モンゴロイド（黄色人種）の人々はおもにアジアに住み、ニグロイド（黒色人種）の人々はおもにアフリカに住んでいます。

すると、それら三大人種の住む地域の中心、あるいは接点に位置する地域はどこかというと、中近東であることがわかります。中近東を取り囲む形で、それぞれコーカソイドの住む地域、モンゴロイドの住む地域、ニグロイドの住む地域があります。

ということは、人類が離散した元の地域は中近東ではないか、ということがすぐ頭に浮かぶでしょう。そこから人類の三大人種が離散し、三方向に広がっていったのではないかと。

実際、これには他の人類学的見地からも、それを支持する数多くの証拠があります。人類の離散地は中近東でした。そしてそれは興味深いことに、「バベルの塔」の出来事によって人類は中近東から世界に離散したという、聖書の記事にもよく一致しています。

つまり、日本人の先祖もまた、おおもとをたどれば、すべて中近東から来たのです。

戦前の日本の教科書では、日本人は天地のはじめから、日本列島に住んでいたと教えられていたそうです。今の日本人もまた、漠然とそう考えている人が多いのではないでしょうか。

しかし、日本人もまた、中近東で離散した人類が、様々な経路を通って日本列島に移民してきた人々なのです。

最近、ある日本人科学者は、血液型や血液の特徴の研究から、日本人の先祖の原郷は中近東あるいは中央アジアであることを、明らかにしました。

多くの日本人はまた、自分たちは中国人から、あるいは韓国人から分かれ出た人々であると思っているかもしれません。しかし、もっと昔を考えれば、日本人の先祖は中近東方面からやって来たのです。

そこから、ユーラシア大陸を東に進み、はるばるアジアにまでやって来た。そして日本列島にやって来たのです。その頃はまだシルクロードはありませんでしたが、彼らが通った道が、シルクロードとなったのです。

彼らはユーラシア大陸の北方ルート（天山北路）を通り、あるいは中央ルート（天山南路）、南方ルート（西域南道）を通り、または海路を通って、日本にまでたどり着きました。日本人のもとをたどれば、渡来人だったかもしれないのです。

私はよく旅先で、

「日本語がお上手ですね。出身はどちらですか？」

と聞かれます。すると私はその日本人に言うのです。

「あなたも日本語がお上手ですね」

「いや、わたしは日本人ですから、生まれたときから日本語です」

と言います。

「でも、あなたも渡来人なのですよ」

「えっ」

「昔々、日本人はみな、西のかなたからこの日本列島にやって来たのです。あなたは〝どちら系日本人〟ですか?」

たとえばアメリカには、メキシコ系アメリカ人、日系アメリカ人、アルメニア系アメリカ人……など、いろいろいます。同じように日本人も、本来はみな〝どこか系日本人〟なのです。

第二の波　イスラエルの失われた十部族の東進

つぎに、シルクロードの第二の波は、いわゆる「イスラエルの失われた十部族」です。

これは、かつて大きな謎とされてきました。しかし、今ではかなり多くのことがわかってきています。

イスラエルの失われた十部族というのは、古代イスラエル民族の十二部族のうちの、十部族です。彼らは紀元前七二一年の「アッシリア捕囚《ほしゅう》」によって、アッシリアの地に連れていかれ、その後、離散しました。

彼らはどこに行ったのでしょうか。最近、それについて書かれた優れた書物が出ました。ユダヤ人、ラビ・M・トケイヤーの著した『日本・ユダヤ封印の古代史』（徳間書店刊、一九九九年）という本です。

それによると、イスラエルの十部族、すなわちアッシリア捕囚された北王国イスラエルの人々は、その後どこに行ったかというと、主にシルクロードを通って東方へ行ったということです。

アフガニスタン、パキスタン、インド、カシミール、ミャンマー、中国など――すべてシルクロード沿い、あるいはその近くですが――そこには今も、明らかにイスラエルの失われた十部族の末裔《まつえい》と認められる人々が、住んでいるのです。

たとえばアフガニスタンやパキスタンには、「ユスフザイ人」や「パタン人」と呼ばれる人々が住んでいます。ユスフザイとは、ヨセフの子孫という意味で、ヨセフの子孫といえばイスラエル十部族に属する人々です。彼らは今も、古代イスラエル十部族に起因する明らかな風習を多く持っています。

カシミール（インド北部）にも、明らかにイスラエル十部族が来たと思われる、多くの事柄があります。そこには、イスラエル十部族がかつていたサマリヤにあった地名にちなんだ名前が、数多く見られます。カシミール人にはまた、古くから、自分たちがイスラエルの失われた十部族の末裔であるという言い伝えがあります。

一方、ミャンマー（旧ビルマ）には、「メナシェ族」と呼ばれる人々が住んでいます。メナシェとは、イスラエル十部族のうちの一部族「マナセ」のことで、彼らは明らかにイスラエル人としての多くの風習を今も持っています。

さらに中国には、「チアン・ミン族」と呼ばれる人々が住んでいます。彼らは古くから唯一神を信じ、その神を「ヤーウェ」（Yawei）と呼んできました。これはイスラエル人の信じた神の名ヤハウェと同じです。

チアン・ミン族の言い伝えによれば、彼らの父祖には、一二人の息子がいました。また彼らには古くから、聖書に書かれているのと同じ律法《りっぽう》を守る風習があります。

他の地域に行ったイスラエル十部族の人々もいます。しかし、おもに彼らはアフガニスタン→パキスタン→インド→カシミール→ミャンマー→中国というように、シルクロードを通って東方へ旅を続けたことがわかります。

彼らのうち一部は、それらの地域にとどまり、そこに定住しました。しかし他の人々、本隊は、さらに東方へと進んだのでしょう。興味深いことに、これらアフガニスタン→中国に至る方向をさらに伸ばすと、まさにそこに日本があります。

その日本にもイスラエル十部族の人々は来たのだろうか、というのがラビ・トケイヤーの論点です。彼は日本の宗教、風習、言語、歴史、神話等に、古代イスラエルのものに非常によく似たものが数多く混入していることを指摘しています。

また重要なのは、こうしてイスラエル十部族がアッシリアの地から離散していったとき、アッシリア人も同様に離散したようだ、ということです。

アッシリア人は現在、国を持っていませんが、全世界に四〇〇万人ほどいます。その大半は、イラク、シリア、アメリカ、レバノンにいます。しかしロシアや、イラン、ヨーロッパ、また他の地域にも散らばっています。

つまりイスラエル人が離散したように、アッシリア人も全世界に離散したのです。

第三の波　東ユダヤ人の東進

シルクロードの第三の波は、いわゆる「東ユダヤ人」の離散です。

東ユダヤ人とは、バビロン捕囚後、ペルシャ帝国が中近東を支配したとき、イスラエルの地に帰らず、ペルシャに残ったユダヤ人たちのことです。

バビロン帝国は、南王国ユダにも触手を伸ばし、紀元前六〇六年から南王国の人々――ユダヤ人らを捕囚し始めます。バビロン帝国による南王国ユダの捕囚は、バビロンがペルシャ帝国によって滅ぼされる紀元前五三六年まで続きます。

ペルシャはユダヤ人に対して寛大な政策をとったため、ユダヤ人はイスラエルの地に帰ることができるようになります。それで帰った人々もたくさんいましたが、一方では祖国に帰らず、ペルシャの地に残ったユダヤ人も数多くいました。

たとえば旧約聖書の『ダニエル書』や『エステル記』などを読んでみると、バビロン捕囚が終わった後もペルシャの地に残ったユダヤ人が数多くいたことがわかります。

彼らがいわゆる「東ユダヤ人」です。彼らの多くはその後、シルクロードの開拓者となりました。彼らは紀元前の時代から、シルクロードを通って、遠い国々へ旅をし、交易を行なったのです。

イスラエル十部族が捕囚になった地と、東ユダヤ人が住んだ場所はすぐ近く、あるいはほとんど同じ場所でした。ですから、イスラエルの失われた十部族と、東ユダヤ人が一部融合することもあったに違いありません。

第四の波　原始基督教徒の宣教

つぎに、シルクロードの第四の波は、原始基督教徒です。

キリストの弟子たちは、世界中に出て行って宣教を始めました。「地の果てにまで私のことを宣《の》べ伝えなさい」というキリストの命令を実行しようと、弟子たちは世界中に出ていったのです。

しかし当時の世界は、どのような社会だったのでしょうか。

それは、小さな村々があちこちに点在しているという状況でした。今日のようにすべての町や都市が深いつながりで結ばれている、という世界ではありません。

今日の世界の町々は、整備された道路や通信網などによって、網の目のように互いに深く結び合わされています。しかし当時の世界は、無数の村々が点在しているという感じだったのです。

そして当時すでに、世界のあちこちにはユダヤ人コミュニティがありました。彼らはすでに世界に離散していたからです。

そのことは、キリストの弟子たちもよく知っていました。ですから彼らは、世界のあちこちにあるユダヤ人コミュニティに行って、彼らに福音《ふくいん》を伝えることを考えたでしょう。もちろん、異邦人にも福音を宣べ伝えましたが、世界に散らばっている同胞にまず福音を伝えた。

当時の基督教は、まだユダヤ教の一派みたいなものでしたから、宣教の対象は最初はユダヤ人がメインだったのです。最初から異邦人に伝えようとしたわけではない。異邦人宣教はむしろ、あとのことでした。

私が現在行なっている活動の一つに、「日本語110番」というのがあります。これは、海外にいる日本人がトラブルに巻き込まれたときに、彼らを助けるものです。現地にいる日系人コミュニティに協力を得て、この活動をしています。

そのため、私は世界中にある日系人コミュニティの方々と、よく話をします。

海外のコミュニティというものは、内情は結構複雑で、昔からそこにいる人、最近来た人、また中間の人など、いろいろいます。それで、新しく日本からやって来た人を見ると、「何なんだ、何しに来た」という人もいれば、「今、日本ではどうなの?」と質問をして接近してくる人など、いろいろな人たちがいます。

最近では、メディアの発達と共に、日本にいなくても日本の情報が入ります。でも、昔はそうではありませんでした。私は大学時代、アメリカの大学に通っていたので、日本の情報を集めるために、リトル・トーキョーによく行ったものです。そこで日本の週刊誌を見たり、そこにやって来る日本人観光客にいろいろと聞いたりしたものでした。

かつてシルクロードの周辺に散らばっていたコミュニティにおいても、同じことが起こったでしょう。遠い祖国からやって来た同胞を、あるいは旅人を、各コミュニティの人々は温かく歓迎したに違いありません。そして、彼らが教えてくれる本国の情報に聞き入り、

「えー、本国ではそんなことが起きたのですか！」と言って、語り合ったに違いないのです。今は誰が王様で、社会ではこんなことが起きている——そういうことを聞きたくて、みな旅人を呼び止めたのです。そういう中で、キリストの話が出たでしょう。「じつは本国では、イエスという方が目覚ましいわざを見せて、神の教えを説いたのです」という話になったでしょう。「そうだったのですか！」——そういって、各コミュニティに、キリストの教えが伝わっていきました。

キリストの弟子たちは東方にも宣教に行った

先に述べたように、イエス・キリストの使徒トマスや、バルトロマイ、またアダイなどの弟子は、東方のアッシリア方面へ伝道に行きました。こうして西暦四〇～六〇年頃には、すでにアッシリア地域に福音がかなり広まっていました。

このとき、この地域にはもともとユダヤ人（イスラエル人）が多く住んでいましたから、キリストの弟子たちは、彼らの中にも多くの改宗者を得たことでしょう。私はそのことについて、ラビ・M・トケイヤーにお伺いしたことがあります。

ユダヤ教のラビは普通、ユダヤ人が基督教に改宗したということを、語りたがりません。ユダヤ人が基督教に改宗することは、ユダヤ教徒にとっては裏切り行為にほかならないからです。

「ユダヤ人が基督教に改宗したら、その人はもはやユダヤ人ではなく、基督教徒です」というのがユダヤ教の考え方です。ですからユダヤ人が基督教に改宗したということを、ラビはなかなか認めようとしません。しかし私が、

「アッシリア地域にいたユダヤ人たちが福音を聞いたとき、彼らは基督教に改宗したのではありませんか」と聞くと、彼は「たしかにそういう人々も少なからずいました」と認めました。実際、たとえば六世紀にペルシャ教会の大主教であったマル・アバは、その回心のきっかけとなったのが、あるユダヤ人クリスチャンとの出会いであったことが知られています。

東方基督教会にユダヤ人が少なくなかったことは、東方基督教ということを知る上で、非常に大切な点です。もともとアッシリア地域にはユダヤ人がかなりおり、そのために東方基督教徒の中には、ユダヤ人（イスラエル人）からの改宗者がかなりいました。

そのために東方基督教は、基督教のユダヤ性というものを、豊かに保存したのです。日本に来た秦氏《はたし》は、東方基督教徒でした。彼らの信奉していた基督教を見てみると、非常にユダヤ的だと感じさせられるのは、そのためです。

原始基督教がアッシリア地域に広まったとき、その地域にはあちこちに基督教国が誕生しました。秦氏の祖国――クンユエ（弓月《ゆづき》）も、アッシリア地域から遠くない所に生まれた基督教国だったのです。

当時ローマ帝国の国内では、西暦三一三年に信教の自由が許されるまで、激しい迫害が基督教徒を襲っていました。ところがローマ帝国の東――アッシリア地域においては、すでに西暦三〇〇年以前に多くの国々が基督教国となっていたのです。

そして彼らの多くは、さらに東方へのダイナミックな伝道を開始しました。彼らは西暦七〇年のエルサレム滅亡以前に、すでに福音をインドにもたらしていました。そして中国にも、もたらしていたのです。基督教が、すでに一世紀にインドに広まりつつあったことにより、基督教はインドの地の他の宗教にも影響を及ぼしました。

たとえば、一～二世紀頃成立したと言われる古代インドの叙事詩『バガバッド・ギーター』中に、初めて「神への信愛」(バクティ)という概念が出てきます。これは最高の人格神に対し、肉親に対するような愛の情感を込めて絶対的に帰依《きえ》することで、基督教で言う「信仰」と同じです。

ほかにも『バガバッド・ギーター』中には、聖書の『ヨハネの福音書』からの借用と見られるものが、たくさん見られます。インドの太陽神ビシュヌ(ビルシャナ仏のもと)の化身「クリシュナ」にまつわる神話にも、イエス伝承にそっくりのものがあります。古代史家の三神《みかみ》たける氏は、

「クリシュナはインド・ヨーロッパ語で、クリストス(ギリシャ語のキリスト)と同じ言葉なんですよ」

と教えてくれました。ほかにも、アジアに広まり始めた基督教は、様々な形で各地の宗教や文化に影響を与えました。西暦三〇〇年頃までには、シルクロード沿いの東方地域の大部分に、古代基督教が浸透していたのです。

第五の波　ユダヤ人離散

つぎにシルクロードの第五の波は、西暦七〇年のエルサレム滅亡に始まる、ユダヤ人の離散です。その年、ローマ軍によってエルサレムの都が破壊されました。すると、ユダヤ人の多くは祖国を離れ、世界中に離散していったのです。

このとき、ユダヤ人の離散した方向は主に二つありました。一つは東、もう一つは北です。西はローマ帝国で、困難がありましたし、南は砂漠でした。

北に行った人々はヨーロッパや、ロシア方面へ行きました。また東に行った人々は、アッシリア地域へ行き、またさらにシルクロードを通ってもっと東方へ行きました。

このとき、古代イスラエルの「失われた十部族」との出会いや融合、また紀元前の時代にアッシリア地域に広がった「東ユダヤ人」との融合なども、起こったことでしょう。このようにシルクロードにおけるユダヤ人の離散は、繰り返す波のように起こりました。

以前、日本画家として有名な平山郁夫さんが、私が代表をつとめるボランティア団体の機関誌に、記事を下さったことがあります。平山さんはユネスコ（国連教育科学文化機関）の親善大使でもあり、中近東に出かけることも多いそうです。以前、そこで見つけた遺跡について、彼はこう述べました。

「その遺跡はアフガニスタンのバーミアーンの大仏のある谷にありまして、三～七世紀のものと思われる経典が見つかりました。古いサンスクリット語で書かれているユダヤ教の経文で、旧約聖書の文字と類似しています。宗教が東アジアへどのように伝わったのかを解明する鍵になるかもしれませんよ」

ユダヤ人はシルクロードを通り、自由と繁栄を求めて東方へ旅をしました。彼らは商売をしながら、より良い地を探していったのです。

私の友人の事務所は東京の六本木にあります。先日、事務所の近くで、こんなことを思いました。

普通、私は昼間しかそこに行かないのですが、その日はたまたま用事があって夜、事務所に向かいました。そして、六本木の交差点にやって来たのです。

そこで、まわりのビルディングその他を見て、「あの場所は日本のヤクザが仕切っているって聞いたな」と思いました。また、彼らのメインパートナーがいるのですが、イラン人や、中国人、イスラエル人など、そして最近はアフリカ人などが、彼らと一緒になって仕切っています。私はその光景を眺めながら、

「ああ、かつてのシルクロードのように、今も昔も人の流れは変わらないな」

と感じました。人の流れは、はるか昔から止まることなく、ある一定のパターンによって動いている。ヤクザだけではありません。様々な人が、自由と繁栄を求めて、世界のどこまでも行きます。

そして自分を受け入れてくれるところがあれば、そこに住み着いて、そこで自分の能力を発揮させる。

かつてユダヤ人が世界中に散らばっていったとき、彼らはアジア地域に、高度な文明をもたらしました。彼らの高度な文化によって、世界が開かれていった。今で言うハイテク文明を、彼らはもたらしたのです。

また未開の地に、高い文化を持った人が入っていくと、その人はたとえ別段すごい人でなくても、なんとなくリーダー的な存在になったでしょう。

こうやって、中近東から追われて散らばった人々のおかげで、その文化が世界中、とくにアジアに広まっていったという事実が、見えてくるのです。

第六の波　景教徒の東進

つぎにシルクロードの第六の波は、景教徒の東進です。

この波は、日本ではあまり語られることがありませんでした。以前、日本で発売されているシルクロードの本を見ましたが、景教徒のことは、ほとんど書いてありませんでした。しかし、景教徒の波とその影響は非常に大きかったのです。

アッシリア東方基督教、すなわち景教は、当初アッシリアからペルシャなどの地域でかなり栄えました。五世紀の歴史家ソクラテス（ギリシャの哲学者ソクラテスとは別人）の記述に、このような話があります。

ペルシャの王が、ひどい頭痛で悩まされていました。ゾロアスター教の祭司がいろいろ手を尽くしたのですが、治りませんでした。ところがマルタという景教徒が、祈りによって、たちどころにそれを癒《いや》してしまいました。

それで以後、ペルシャの王は景教徒を厚遇するようになったといいます。そしてこの地域は、内外の宣教拠点、また各地での教育活動と、活発な福祉事業の拠点となりました。景教徒はまた、民衆教育にも力を注ぎました。

そのためこの地域は当時、世界で最も文明の進んだ地域となりました。その基盤には、景教徒たちが発達させた教育制度、学校制度がありました。景教は西アジアで栄え、そののち、さらに東方へのダイナミックな伝道を開始しました。

景教徒の中には、アッシリア人、アルメニア人、ペルシャ人、トルコ人など、様々な人々がいました。やがて景教はシルクロードを通り、西アジアから中国に至るほぼ全域に広がりました。最盛期には、東方世界の二七以上の大都市に景教の教会があり、主教だけでも二〇〇人以上を数え、無数の信者を擁しました。

九世紀の終わりまでには、ウイグル人のほとんどはマニ教から景教に改宗していました。ケレイト族、ナイマン族、オングート族、モンゴル族も、ほとんどが景教徒となりました。

当時ヨーロッパでは、五世紀以後、しだいにその社会はいわゆる「中世の暗黒時代」に入っていきました。教会は政治権力と結びついたために腐敗堕落し、ヨーロッパの基督教は本来の活力を失っていきました。

ところが、ちょうどその時代、景教徒たちは生き生きと輝き、非常な活力を持って東洋で宣教活動を繰り広げていたのです。景教徒は各地で、文化的に非常に大きな影響を与えました。

たとえばウイグルでは、景教は国家全体を大きく変えました。景教の宣教師たちはそこでウイグル人のために文字をつくり、読み書きを教えて、教育制度をつくりました。のちにこの文字を、モンゴル人も輸入して使用するようになり、モンゴル人も読み書きができるようになりました。

さらに景教徒たちは、シルクロードの真ん中に位置する中央アジアの都市メルブに言語研究所を持ち、そこでアジアのほとんどあらゆる言語を研究し、聖書翻訳を行なっていました。ウイグルで発見された当時の文書は、景教徒の影響がいかに大きかったかを、次のように語っています。

「残忍な習慣に満ち、血ぬられていたこの地は、今や菜食の地になった。虐殺の地は、慈善の土地となった」

また、景教徒は中国における世界的発明にも貢献しました。中国における世界的発明は木版印刷術、羅《ら》針盤《しんばん》、火薬の三つだと言われます。これらの発明は、世界を変えるほどの大きな影響を与えました。じつはこれら三大発明は、景教徒の文化のもとに生み出され、発展したものだと、景教研究家ジョン・M・L・ヤングが述べています。

高度な文明をもたらした景教徒たち

景教は、最大の世界帝国となったモンゴルでも栄えました。『国民の歴史』（産経新聞社刊）の著者で電気通信大学教授の西尾幹二《にしおかんじ》氏は、

「世界史はモンゴル帝国から始まった」

と述べています。モンゴル帝国は一大文明圏をつくっただけでなく、東洋と西洋を結んだのです。そこには景教徒たちの多大な貢献がありました。モンゴルで景教徒たちは、郵便制度をつくり、木版印刷によって紙幣をつくり、年代記作成にもあたっていました。

一二一五年以来、中国の北京《ペキン》はモンゴル帝国の支配下にありました。景教徒はモンゴルの王の命令を受けて、そこで、天文観測局の仕事に従事していました。裁判所や政府の役所にも、景教徒が大勢いました。

モンゴルの王は、景教徒たちを側近や妻に持っていました。彼らは王に対し良い影響を与えていました。

モンゴルの王は、舗装道路を整備し、あるいは道の両側に木を植えるなどして、道を整備しました。木の育たないところには、両側に石の柱を置きました。

必要なところには、運河もつくりました。首都では新聞も毎日発行されていました。困った人に無料で食物や衣服を与える、公共施設もつくりました。これは、日本で聖徳太子や光明《こうみょう》皇后がつくった「悲田《ひでん》院《いん》」「施薬院《せやくいん》」「療病院《りょうびょういん》」と同じような施設です。

そのための費用は、羊毛や麻などの取引に課せられた「一〇分の一税」が当てられました。何という文化的な国家だったことでしょうか。モンゴルの王は国民に対し、唯一の創造主なる神を信じるようにとの勧告を出しました。しかし、人々の信教の自由は保障されました。

あるときモンゴル帝国内で、十字架を掲げて反乱を起こした人々がいました。しかしその十字架は、彼らには何のご利益《りやく》もなく、反乱軍はあえなく負けてしまいました。そのとき人々の中に、

「基督教は何のご利益もないじゃないか」

といって、基督教徒をあざける者たちがいました。しかしモンゴルの支配者フビライは、

「十字架の神は正しいことをなしたのだ。反乱軍は神に逆らい、モンゴルを裏切ったのだから」

と言ったことが、マルコ・ポーロの『東方見聞録』に記されています。人の祈りに対し神は、ご利益のあるなしではなく、広い視野に立って正しい、最も良いことをなすという理解です。これは基督教の神観

念と同じです。

マルコ・ポーロはまた、モンゴル支配下の中国、太平洋岸の諸都市においても、多くの景教徒たちに出会いました。マルコ・ポーロによれば、それらの地域に彼ら景教徒たちは、七〇万人はいたといいます。そのうちのある人々は、自分たちは七〇〇年ほど前（七世紀）からこの信仰を持っている、と言いました。

さらに、彼らの教会にあった絵画には、キリストの「七十人の弟子」（一二弟子の次の弟子たち　ルカの福音書一〇・一）のうちの、三人が描かれていたといいます。この三人は、東方世界の宣教において大きな働きを見せたアダイ（タダイ）、アガイ、マリであろう、と言われています。

一方マルコ・ポーロは、「内モンゴル」（黄河の北、現在の中国北部にあたり、日本にも近い）あたりに住んでいた、モンゴル帝国オングート族（トルコ系遊牧民族）のところにも行きました。彼は、オングート族は景教国家をつくっており、国民のほとんどは景教徒であったと書いています。

一九三五～一九四一年に、江上波夫教授はこの地域を調査しました。そしてそこに、十字架のある景教徒の墓石、および景教寺院跡を発見しています。

景教徒たちはさらに、フィリピンにもやって来ました。彼らはフィリピン人に、教育によって国をつくることを教えました。

フィリピン古来の言葉はタガログ語です。一五六九年にスペイン人はこの地を占領しましたが、フィリピン人がヨーロッパ人以上に読み書きができることに、大変驚いたことが記録にあります。当時フィリピンでは、なんと、読み書きのできない子どもがゼロという町が大半だったのです。

歴史家は、民衆教育、秩序ある政府、公平な政治、宗教的寛容というものは、このように西洋において

ではなく、まず東洋において初めて行なわれたと述べています。つまり、
「いいものはすべて西洋にある」
のではないのです。景教徒たちが築き上げていた文化文明の高さは、当時の西洋のいかなる国にもまさっていました。マルコ・ポーロはモンゴル支配下の中国に一七年間住み、そこで見た文明の高さに驚嘆し、ヨーロッパに詳しく報告しています。

景教徒によってもたらされ、あるいは発展させられたアジア文明は、あるときは当時の西洋文明を大きく上回っていたのです。当時、中国やモンゴルは、ある意味では今日の世界におけるアメリカのようなところでした。

というのは、かつて迫害や抑圧を受けていた人々は、自由を求めて、世界中からアメリカに集まりました。それと共に優秀な頭脳がアメリカに集まり、今日もアメリカは多くのノーベル賞受賞者を生み出しています。

同様に、当時、迫害や抑圧を受けていた人々が自由を求めてやって来た先は、東アジアでした。彼らは中国へ、モンゴルへ、あるいは日本へと渡ったのです。それと共にそれらの地に、非常に優秀な人たちが集まってきました。

世界の優秀な頭脳が集められ、そうした中から数多くの発明や、文化の創造がなされたのです。当時のアジアは輝いていました。西洋以上にです。そのような歴史を知っている人が、今日どれだけいるでしょうか。

「慈母観音」「地蔵」信仰等への景教の影響

このように景教徒の影響は、非常に大きいものでした。そのため、それはアジア各地の諸宗教にも影響しました。

たとえば中国の「慈母観音《じぼかんのん》」の信仰に対するものです。これは、赤ん坊をやさしく胸に抱く慈母の像です。日本でも「子安《こやす》観音」とか「子安神《こやすがみ》」として知られています。しかしこの慈母観音の姿は、基督教世界でよくつくられた「幼子イエスを胸に抱く母マリヤ」の像に、あまりによく似ています。

じつはインド仏教には、このような慈母観音の信仰はなかったのです。それは中国で、景教徒たちの影響を受けて発生した信仰です。景教徒たちの持っていた「マリヤとイエス」のイメージと、仏教の観音信仰、菩薩信仰とが合体して、「慈母観音」の信仰が生まれました。

もともと仏教には、「女性は女性のままでは仏になれない」という教えがあります。女性が仏になるためには、一度男性に生まれ変わらなければなりません。それが本来の仏教の教えです。これを「変成男子《へんじようなんし》」と言います。

そんなふうですから、本来の仏教においては、女性の像が信仰の対象となることはありませんでした。しかし観音像を見てみると、大変女性的な姿をしていると感じます。それは、イエスの母マリヤのイメージが重なっているからです。

「慈母観音」「子安観音」などの信仰は、幼子イエスを抱く母マリヤの図像が仏教信仰に入ったものと考えられている。

観音は、正式には観世音菩薩《かんぜおんぼさつ》といって、菩薩の一種です。菩薩は、仏教の教理ではみな男性です。女性の菩薩、女性の観音というのは仏教の教理上では、存在しません。にもかかわらず、「慈母観音」というようなものが信仰されるようになったのは、やはり景教の影響があったからでしょう。

　またこれに関連し、後に「地蔵《じぞう》信仰」なども生まれました。地蔵というのは、早死にしてしまった幼子を、死後の世界で助けてくれるという菩薩です。また「我が名を唱える者を苦しみから救う」と信じられた菩薩です。

　これには、つねに幼子を大切にしたキリストのイメージが重なっているようです。キリストは幼子たちを抱きしめて、「天の御国はこのような者たちの国なのだ」と言いました。キリストは幼子を天国に迎え入れるのです。

　聖書はまた、信仰を持ってキリストの御名

を唱える者は誰でも救われる、と教えています。こういう基督教的イメージ、基督教的思想が、慈母観音や地蔵菩薩の信仰に入り込んでいったのでしょう。

景教はさらにインドで、ヒンズー教にも大きな影響を与えました。ヒンズー教ビシュヌ派のラーマーヌジャ（一〇一七～一一三七年）は、人が救われるためには「神への信愛」（バクティ）が欠かせないとしました。この「神への信愛」の強調の背景には、景教の感化があると宗教学者が述べています。

さらに、ラーマーヌジャの思想を発展させた一六世紀のツラシ・ダサは、ビシュヌ神の化身「ラーマ」に対する「信愛」を説きました。ラーマはクリシュナと同じく、最高神ビシュヌの化身、権化《ごんげ》です。大ざっぱに言えば、ビシュヌ神は基督教の「神」に似ています。

一方ラーマは、神の化身・権化であるイエス・キリストに似ています。ツラシ・ダサはこう説きました。「神は受肉して、人々を救うために、化身ラーマとなった。いかに人の罪が大きくとも、ラーマに救えないものはない。罪人は、自らの罪を彼に告白し、彼に対する信愛を示すことである。そうすれば恵み深い彼は、その御手を差し伸べ、他の多くの人々になしたように、あなたの魂をも救うであろう」

もし、この「ラーマ」を、「イエス・キリスト」に置き換えるなら、そのまま基督教の説教になるでしょう。ヒンズー教にこうした教えが生まれた背景に、景教の影響、あるいは感化があったと言われているのです。

景教はまた、チベット仏教、すなわちラマ教にも大きな影響を与えました。

景教は、チベットには遅くとも西暦七世紀には入っていました。そして一〇〇〇年頃までには、チベット仏教はすでに景教的要素をふんだんに取り入れたものとなっていました。

チベット仏教であるラマ教の最高位にいるダライ・ラマ14世。チベット仏教の赤い僧衣なども、景教から来ていると言われている。

赤い僧衣、聖水、死人のための祈り、厄除《やくよ》けなどは、景教徒の風習を取り入れたものだと、ジョン・M・L・ヤングが述べています。ダライ・ラマを頂点とする階級組織も、景教徒の大主教を頂点とする階級組織を取り入れたものと指摘されています。

さらに、七世紀頃からチベットの仏教文献に、「シャンバラ」と呼ばれる仏教徒のユートピア思想が現われるようになります。

その聖なるユートピアには、精霊の軍団を率いる王がいて、やがて起こる最終戦争に勝利し、世界に永遠の黄金時代をもたらすといいます。この「シャンバラ」の楽園思想には、景教や、イスラム教の影響が認められると、『世界大百科事典』（シャンバラ伝説の項　平凡社刊）は述べています。

一方、日本で死者を弔う際に用いられる「位牌《いはい》」にも、景教の影響があります。

日本の仏教の寺では、人が亡くなったとき、その戒名《かいみょう》と日付を書いた「位牌」を用います。佐伯好郎教授によれば、この風習は、もともとは景教のものでした。

景教徒は、死者を弔う際に、亡くなった人の洗礼名と日付を書いた二つ折りの位牌を用いたのです。そしてこの風習は、もともと仏教にはなかったものです。

さらに「戒名」というもの自体、景教の影響だとも指摘されています。なぜならインド仏教に、「戒名」というようなものはありませんでした。タイや、スリランカ、ミャンマー、カンボジア、ベトナム、中国、韓国などにおいても、戒名の風習はありません。それはじつは日本仏教界の発明なのです。

その日本でも、昔は戒名は、生きている者だけがもらったものです。ところが今は、死んだ者のために、遺族が代金を払って買うというシステムになってしまっています。戒名はもともとは無料のものでした。

景教徒は昔、洗礼を授けた人々に、洗礼名を授けていました。もちろん無料でです。仏教徒はどうもこの習慣を仏教に取り入れたようです。そしてはじめ仏教徒は、戒名を、仏弟子となって受戒をすませた人たちだけに与えていました——無料で。

ところが、のちに日本仏教がいわゆる「葬式仏教」と呼ばれるものになったとき、戒名は、死んだ者のために遺族が高い金額を払って手に入れるものになってしまいました。

景教は信教の自由を認めた

景教は、アジアにおいて一時、支配的勢力となりました。九世紀、また一三世紀が、景教の絶頂期でした。

しかし、そうなったときも、景教以外の宗教を禁じることはありませんでした。信教の自由を認めたのです。たとえば七世紀に、中国・唐の皇帝、太宗《たいそう》は景教の教典を読んで感激し、国民にも景教を勧めて、

「景教の伝道が自由になされるようにせよ」

と言いましたが、その信仰を国民に強要することはありませんでした。彼のもとで、またその後の時代にも、国民の信教の自由は保証されていたのです。

また一二五九年に、イル・ハーン国初代の王となったフレグ（チンギス・ハーンの孫）は、自らは景教の強い影響を受けた人ですが、「国民のすべては信教の自由を有する」と宣言しました。そして様々な宗教を保護しました。

景教はまた、政治権力を取ろうとはしませんでした。京都大学の池田栄教授は、

「景教の教会は……ローマ・カトリックとは異なり、いまだ一度たりとも政権を主張したことなく、カイゼルのものはカイゼルにゆだね、つねに教権のみを有してきた」

と述べています。景教は、体制で人々を押さえ込もうとはしなかったのです。国民を形だけの信者にし

ようとはしなかった。それが景教の強さでした。

他の宗教の多くはそうではありません。たとえばイスラム教の国々へ行くと、「国民の九九パーセントはイスラム教徒です」というところがたくさんあります。ところが、では国民は本当に心からイスラム教を信じているかというと、必ずしもそうではありません。

そういう法律になっていて、そういう体制になっているから一応信じています。でも、じつは罰が怖い。つまり、信教の自由があって信じているわけではないのです。私にもイスラム教徒の友だちがたくさんいますけれども、彼らと議論していると、困ることがあります。熱心に信仰していない人もいるのです。イスラム教では、日に五回祈るという戒律があります。でも、あまり守られていません。とりあえず守っている人がいても、それは怖いからです。守らなかったときの罰が怖い。

イスラム教やヒンズー教などは、体制と一体になっている宗教です。規制をつくって、これを守らないと罰せられると言って、形だけの宗教人間を作りだしている。ヨーロッパの基督教国でも、宗教裁判所が置かれた中世の教会などは、そうでした。信仰が強制になっていた。

宗教が恐怖政治になっていました。ところが景教は違いました。自由を認めました。体制で押さえ込もうとはしなかった。規則を作って縛ったところで、あるいは、みんな基督教徒になりなさいと言っても、本当の信者にならないのです。

だから、みなが基督教徒にならなければいけないなんて、言わない。むしろ、基督教を原点とした社会の仕組みが一番国の運営に合っていますよ、という主張をします。こういう社会の仕組みがあれば、国民は何をしてもいい、何を拝んでもいい。

景教は自信を持っているから、そういうふうに国民に自由を認めてきたのだと思います。やはり信仰は、信教の自由がある中での自発的意志によるものでなければ、意味がありません。

第七の波　その後の交流

シルクロードの第六の波が少し長くなりましたけれども、最後に第七の波として、その後のシルクロード上の交流をあげたいと思います。

モンゴル帝国は強大になって、一三世紀には、東アジアから西アジア、またヨーロッパの一部にまで至る広大な地域を支配しました。この時代にシルクロードの交易は、かつてないほどの活況を呈しました。マルコ・ポーロ、イブン・バットゥータ、プラノ・カルピニ、ギヨーム・ド・ルブルクのように、ヨーロッパや西アジアから直接に東アジアを訪れる者も続出しました。彼らの旅行記や、国際貿易の指南書は、ヨーロッパや西アジアの人々の東アジアに関する知識を飛躍的に増大させたのです。

またこの時代、イタリア商人の活躍にも、めざましいものがありました。彼らはモンゴル帝国のほぼ全域に進出して、莫大《ばくだい》な富をイタリアの諸都市にもたらしました。この富の蓄積がなかったならば、おそらくイタリア・ルネサンスの開花もなかったであろう、とさえ言われます。

イスラム教徒も、盛んにシルクロードを活用し、中国と交易を行ないました。バグダッドを中心としたイスラム文化の繁栄は、このシルクロードにおける交易によってもたらされたものです。またそののちサマルカンドや、ヘラートにおいて高度の文化が発達しました。

しかし、イスラム帝国が強大になった時代は、ヨーロッパと東アジア間の交流は、大部分が途絶えるようになります。途中にイスラムが入ったので、ヨーロッパ世界と東アジアとの間で行き来がしにくくなったからです。

その間、東洋と西洋の交流は途絶えました。しばらくのあいだ西洋は東洋のことを、東洋は西洋のことを、知ることができなくなったのです。

けれども一五世紀末になると、ヨーロッパからアフリカ南端の喜望峰をまわって、インド洋に達する航路が発見されました。ヨーロッパ人はこの航路を利用して、盛んにインド、東南アジア方面へと進出するようになります。

ポルトガル、オランダ、イギリス、フランスなどは、しきりにインド、東南アジア方面へ進出して、それらの地の植民地化をはかりました。この時代、ヨーロッパで発達した暦学、地理学、天文学、数学などの科学的知識が、中国にもたらされました。

一方ヨーロッパでは、中国の習俗についての関心が高まり、一八世紀のパリの宮廷では、いわゆる「中国趣味」が流行しました。

またモンテスキューや、ボルテールらは、中国をはじめとするアジアの伝統的文明をヨーロッパ文明と比較対照して、その優劣を論じました。彼らはそれによって、ヨーロッパの体制を批判したのです。

このことが、やがてはヨーロッパにおける近代的精神と、近代的国家の誕生につながっていきます。

「ヨーロッパの近代化」に対して、このようにアジア側からの貢献もあったわけです。

一六世紀以降は、カトリック・イエズス会の人々などによって、インドや東アジア方面への布教活動も活発化していきました。あのフランシスコ・ザビエルも、イエズス会士として一六世紀にインドのゴアを通り、東南アジアを経て、日本へやって来たのです。

ザビエル後も、多くのイエズス会士がシルクロードを通り、日本にやって来ました。そして日本からも、教皇庁へ使節が派遣されたりしました。

第5章 日本文化に残る渡来人の影響

「キリストの墓」は渡来人の墓が起源

東北地方に、「キリストの墓」と呼ばれているところがあります。
ご存じの方も少なくないでしょう。青森県三戸《さんのへ》郡新郷《しんごう》村（旧戸来《へらい》村）に、「キリストの墓」と呼ばれるものがあります。そこには十字架が立っていて、イエス・キリストが葬られているという。キリストはエルサレムにおいて十字架上で死んだのではなく、はるばる日本にまでやって来て、日本で死んだというのです。

この伝説はいったい何だろう、と思った私は、かつて何日間かそこに居すわって、あれこれ調べたことがあります。いろいろな人に聞いてみました。

「キリストの墓といいますけれど、本当は何なんですか」

「いや、よくわかりません」

青森県三戸郡新郷村（旧戸来村）の「キリストの墓」

と人々は言います。しかし、そのうちわかったことは、キリストの墓と言われているその場所は、個人の所有地の中だということでした。そこで、持ち主のおじさんに会って聞いてみたのです。

「キリストの墓といいますけれども、本当は何なんですか」

「ですから、本当にキリストの墓なんですよ」

「そんなー。もし本当だというなら、そこを掘ったらどうですか。そしたら、世紀の大発見ということで、世界中から人々が来ますよ」

「そんなバチあたりなことできないよ」

「バチあたりもなにも、本当は何もないんじゃないの？　だから掘れないんでしょ」

と、私もしつこい性格です。そしてついに、そっと私に教えてくれたことは、じつは昔その地方には渡来人の墓があったとのことでした。七つあったといいます。

それらにさわると、バチがあたると言い伝えられていました。しかし戦前に、おばあさんがその墓を開けたそうです。そして中にある物を持ち出した。そのあと、いろいろあったみたいですけれども、やがて憲兵が来て、それらの墓を全部、大阪に持っていってしまったというのです。墓は、どうも基督教系の渡来人のものだったようです。

また、その村は貧しい。何とか「村起こし」をしたい、と村の人々は思いました。そういう雰囲気の中で生まれたのが、じつは「キリストの墓」という考えだった、というのです。渡来人の墓の跡をそうした。おかげで、今では土産《みやげ》に「キリストの墓のワイン」もあれば、「キリストの墓のお菓子」も売られている。この村はこれしかないんだよ、といいます。

なるほど、そうだったのか、と思いました。やはりここも、渡来人が来たところだったのです。

誰でも、「キリストの墓」が日本にあるなんて聞けば、おかしな伝説だ、馬鹿な話だと思うことでしょう。しかし、その話自体はおかしくても、やはり伝説には何かの元があります。

火のないところに煙はたたない。今のものを見ればウソや、でっちあげかもしれない。けれども、それを生んだ元の話があるのです。

憲兵たちが持っていってしまったという渡来人の墓が、今どこかで保管されているのか、また保管されているとすればそれはどこか――それまでは、私はつきとめられませんでした。しかし、あの東北の「キリストの墓」も、もとはといえば、日本に来た渡来人たちの名残《なごり》だったのです。

またこの付近には、かつて与羽根《ヨハネ》とか弥古部《ヤコブ》といった姓の人が住んでいたとも聞きました。これらヨハネ、ヤコブ等の名前は基督教徒か、ユダヤ教徒でしょうか。

ダルマ人形の色の違いは渡来人の色の違い

先日、私は群馬県の高崎に行きました。そこはダルマ人形で有名なところで、ダルマ人形の博物館もあります。頭に赤い布をかぶって、ひげを生やした人物の、あの丸い人形です。

倒してもまた起き上がる——「七転八起《ななころびやおき》」を表した人形というわけです。ところがこの「七転八起」というのは、もともとは聖書の思想なのです。今から約三〇〇〇年前に記された旧約聖書『箴言《しんげん》』二四章一六節にこう記されています。

「正しい者は七たび倒れても、また起き上がるからだ」

ですから、「七転八起」という言葉と、達磨のことを思うと、私にはどうも聖書のことが思い起こされてしまいます。私の人生も七転八起ですから、親しみがあります。

日本では、「ダルマ」はまた、帰化人に対する〝あて言葉〟ともなりました。

高崎のダルマ人形の博物館を見てみると、そこには全国から集まったダルマが展示されています。そして、それらがどこから来たのかを地図と共に説明している。面白いことに、それらダルマの顔色は地域によって違うのです。

ここから来たものは白くて、そっちから来たものはすこし茶色い。あるいは少し赤かったり、黒かったりする。様々な色のダルマがあります。それで、地図と照らし合わせながら、

「ああ、そうか！　ここには白い人が渡来してきたんだな。そしてここには褐色の人が渡来してきた」

といった想像が、私の頭の中をかけめぐってしまいます。様々な色のダルマ人形は、私の頭の中で、日本に来た様々な渡来人のイメージと重なりました。ダルマ人形は、渡来人の象徴のように思えたのです。

渡来人たちは、大陸でいろいろ苦労しながら、別天地を求めて日本にやって来た人々でした。彼らは、七たび倒れても、また起き上がる強さを持っていました。そうした渡来人の姿が、私のイメージをかりたてたのです。

遺伝子はあざむけない

以前、外国に住む私の友人が日本に来たときのことでした。彼が日本のテレビを見ていると、

「このテレビに出ている人、中近東系の日本人？」

と言い出すのです。でも、そこに映っていたのは、いわゆる〝純粋な日本人〟です。私は、

「ああ、そう言われてみれば、そういうふうにも見えるね」

と言いましたけれども、心の中では驚きました。彼は日本のことはまったく知りません。でも逆に、だからこそ何の偏見も持たず、自然にものを見ることができたようです。

そう言えば私も以前、父と中近東に行ったとき、そこの人を見て、

「ねえ、あの人、この前、東北で見たおじさんにそっくりだね」

なんて言って笑ったこともありました。そこで私は気づいたのです。

ダルマ人形と共に、地方でそこの歴史を表すものに「人の顔」があります。九州や東北などはとくに特徴がありますけれども、この前、青森に行ったときでした。飛行機の中で、私の隣に座っていた男性の顔が、明らかに黒人に見えるのですね。

また、私が行く銭湯に、どう見ても中近東の顔をしたおじさんがよく来ます。

以前、秦氏《はたし》のつくった神社（木島神社《このしま》）の宮司《ぐうじ》さんとお会いしたのですが、鼻が高くて、彫りが深くて、まったく〝あちら系の顔〟をしていらっしゃる。それで、

「宮司さん、あなたの顔があなたの先祖を語っていますよ」

と言って、一緒に笑いました。名前も「ハットリ」（神服《はっとり》）さんといいます。「ハットリ」は、ハタオリ→ハトリ→ハットリと訛《なま》ったもので、秦氏の子孫の名です。そういえば、時計で有名な服部《はっとり》セイコーという会社も、ハットリですね。羽鳥《はとり》さんなども秦氏です。

顔や名前は、人のルーツを物語っているのではないでしょうか。以前、京都で会ったある女性は、どう見ても公家《くげ》の雰囲気の顔をしている。歴史を自分の顔のつくりで語っているのです。遺伝子の強さですね。

私の友だちの一人に、こんな人がいます。彼は日本人ですけれども、あるとき、

「僕はじつは、本当はイタリア人じゃないかと思うんだよね」

と言い出しました。「どうして?」と聞くと、

「この前イタリアに旅行に行ったとき、何だか妙に落ち着くんだよ」

と。その彼が後日、ひどく興奮して私のところにかけ込んで来ました。そして言ったのです。

「いや驚いたよー。この前、田舎に帰ったとき、それとなく、おばあちゃんにイタリアのことを話したんだ。そしたら、僕には本当にイタリア人の血が流れているらしいんだよね。どうも僕の家の先祖の一人は、昔イタリアから流れ着いた船の船員だったそうなんだ！」

これが遺伝子の力なんだ、と思いました。遺伝子は、誰がどんなに歴史を書き換えてしまったとしても、絶対に消えることのない歴史書なのです。あなたの遺伝子にも、そのような渡来人の息づきを感じたことはないでしょうか。

発見された景教の十字架とＪＮＲＩ

つぎに、日本に入った景教、および渡来人の影響について、もう少し詳しく見てみたいと思います。先に、朝廷を訪問して聖武《しょうむ》天皇や光明《こうみょう》皇后に会った景教徒たちについて見ましたが、ほかにも非公式に日本に渡来してきたたくさんの景教徒たちがいたようです。

たとえば、それを示すものの一つに、群馬県で発見された景教の十字架、および「ＪＮＲＩ」の四文字があります。江戸時代に、肥前平戸藩《ひぜんひらどはん》の藩主《はんしゅ》・松浦静山《まつらせいざん》が、こう書いています。

「先年、多胡碑《たごひ》（羊大夫碑）のかたわらから、石槨《せっかく》（棺を入れる石造りの室）が発見された。そこにＪＮＲＩという文字が見られた。ある人が外国の文献を見たところ、キリスト処刑の図にもこの文字が見られたので、蛮学《ばんがく》（西洋の学問）に通じた人に聞いてみたがわからなかった。なお、この多胡碑の下から、十字

〔一七〕この蛮文、上野国なる多胡羊大夫の碑の傍より先年石槨を掘出だす。其内に古銅券あり。その標題の字この如し。其後或人、蛮書『コルネーキ』を閲するに、邪蘇刑に就の図ある処の、像の上に横架を画き、亦この四字を題す。因て蛮学通達の人に憑て彼邦の語を糺すに、其義更に審にせずと。

JNRI

多胡碑の文、和銅四年三月と有り。この年は元明の朝にして、唐の睿宗の景雲二年なり。今天保三年を距ること千百廿二年。されば彼蛮物は何《イカ》なる者ぞ。古銅券と横架の文と同じきこと、疑ふべく、又訝るべき者歟。前編六十三巻に、この碑下より十字架を覩出せしことを挙ぐ。蓋是と相応ずることならん。尚識者の考を俟《まつ》。

江戸時代の学者、松浦静山が記した「甲子夜話」（平凡社刊「東洋文庫」385甲子夜話続編6」より）。彼は群馬県の多胡碑において発見された十字架と、「JNRI」の文字について述べている。

フラ・アンジェリコ（1400 - 1455年）画。キリスト頭上のINRIまたはJNRIの文字は、「ユダヤ人の王ナザレのイエス」の意味。

架が以前に発見されているから、それと関係のあることであろう」（甲子夜話《かっしやわ》　現代語訳）

この「多胡碑」というのは、七一一年（和銅四年）に建立された古代碑文です。現在の群馬県にありますが、その下から十字架が発見され、そのかたわらの石槨にあった古銅券に「ＪＮＲＩ」という文字が見られたといいます。

注意すべきは、この七一一年というのは、李密医の渡来（七三六年）よりも前だということです。発見されたこの「ＪＮＲＩ」というローマ字について、江戸時代の松浦静山は、当時の西洋の学問に通じた人に聞いてみたが、意味はわからなかったといいます。

しかし「ＪＮＲＩ」は、ラテン語の Jesus Nazarenus Rex Iudaeorum の頭文字をとったもので、〝ユダヤ人の王ナザレのイエス〟の意味の略語です。すなわち、十字架につけられた主イエスの頭上にかかげられた言葉です。

聖書によれば、「ユダヤ人の王ナザレのイエス」は、ヘブル語やギリシャ語だけでなく、ラテン語でもイエスの頭上に掲げられました（ヨハネの福音書一九・一九）。

ＪＮＲＩは、ＩＮＲＩと記されることもあります。この場合の最初のＩは、Iesusの頭文字です。ＪでもＩでも、どちらでもよいのです。またＩを装飾文字で書くと、Ｊのようにも見えます。ＩＮＲＩというのは、よくキリストの十字架を描いたラテン系絵画に見られます。

ちなみに、中国の景教徒の間では、通常彼らが使っていた言葉はシリア語（アラム語の方言）、および中国語でした。しかし、ラテン語の使用も禁じられてはいなかったことが、知られています。

景教徒は、シルクロードを通してローマ世界と交易をしていたので、ラテン語の知識もありました。また、日本のキリシタンはＪＮＲＩ、あるいはＩＮＲＩというシンボルは一般に用いませんでした。したがってこのＪＮＲＩは、景教徒によるものである可能性があるでしょう。

群馬にも秦氏がいた

ＪＮＲＩ（ＩＮＲＩ）という文字と共に発見されたこの群馬県の「多胡《たご》碑」は、この地域に新たに「多胡郡」をおき、それを「羊」にまかせるという内容を記した碑です。

「羊」というのは、当時のこの地域の有力者の姓でしょう。しかし、なんとも基督教的な名なので気になります。いずれにしても、このために多胡碑は「多胡羊大夫《たごひつじだゆう》の碑」とも呼ばれるのです。

「多胡」の「胡」は、「胡人」が異国人、「胡弓」が異国の楽器の意味であることからも知れるように、異国人のことです。すなわち「多胡」は、渡来人が多く住んでいることからきた地名です。

じつは、奈良の正倉院《しょうそういん》に残る掛布屏風袋の銘文に、

「上野《こうずけの》国《くに》多《た》胡《ご》郡《ぐん》山部郷戸秦人」

とあります。「上野国多胡郡」は、多胡碑の出た多胡郡であり、「秦人」は渡来人の「秦氏」をさします。秦氏の居住の中心地は京都でしたが、彼らは全国に散らばっており、この地域にもいたことがわかります。多胡郡には秦氏をはじめ、多くの渡来人が生活していました。

じつは、多胡碑のあるこの群馬県の地は昔、羊が飼われていた地として知られています。群馬県の前橋

や桐生《きりゅう》あたりでも、奈良時代（八世紀）頃まで羊が飼われていました。「羊大夫」というのは、その羊飼いの長だったのでしょう。また「群馬」と書いたのも、昔この地には羊が飼われていたからだ、と聞いたことがあります。

羊という動物は、もとは日本にいませんでした。やはり渡来人が連れて来たものだと考えられます。『日本民族秘史』を著した川瀬勇《かわせいさむ》博士（日本ニュージーランド協会名誉副会長）は、中国で現地調査をし、中国の華北で蒙古羊と共に飼われている「寒羊」は、イスラエル原産の「アワシ」と呼ばれる綿羊と同じであったと述べています。彼はまた、群馬県で昔飼われていた羊もまた「寒羊」だったに違いない、としています。

ちなみに、川瀬博士はキリシタンの末裔《まつえい》であると、ご自分でおっしゃっていたとお聞きしました。羊に関する博士の深い研究は、そうした彼自身のルーツからも来ているような気がします。

群馬県で「ＪＮＲＩ」の文字や、景教の十字架が発見されたこと、またそこにイスラエル原産の羊が飼われていたと言われること、などは何を示しているのでしょうか。それは、日本に昔、景教徒がかなりの人数いたということでしょう。

ある人は、景教徒はたしかに何人か――数人程度は日本に来ているけれども、ほんのわずかだった、と言います。しかし実際は、数人どころではなかった、非常にたくさんの景教徒が日本に来ていたし、日本に住み着いていた、と考えられるのです。

たとえば江戸時代の学者・村井昌弘《むらいまさひろ》は、過去の記録を引用して、一二世紀――平安時代の日本にやって来た基督教宣教師たちのことについて書き記しています。彼らは景教徒だったと思われますが、

「黒船に乗って来て、日本の地に居住し……教えを説いてまわった」（耶蘇《ヤソ》天誅前録）と。彼らの中には、その後中国に帰った人々もいたようですが、日本に残った人々も少なくなかったでしょう。これは記録の断片にすぎませんが、ほかにも、こうしてやって来た景教徒たちがたくさんいたと思われるのです。もっと早い時代においても、彼らは日本に入っていたでしょう。

平安京をつくった秦氏

秦氏は、京都に「平安京」（八世紀末〜）をつくることにおいて、中心的な役割を果たした人々でした。彼らは高度な技術力を持ち、それまでも巨大古墳の建設をはじめ、数々の土木工事を行なってきました。かつて大阪平野に流れ込む淀川《よどがわ》流域は、氾濫《はんらん》につぐ氾濫で荒れ果てていました。そこに堤防を築き、むずかしい治水工事をやってのけたのも、秦氏です。

そして、京都に平安京をつくるために技術の粋を結集し、労力を提供したのも秦氏でした。

かつて京都盆地は、あいつぐ川の氾濫で荒れ果てていました。秦氏は、高度な治水工事によって、鴨川《かもがわ》や桂川《かつらがわ》の流れを大きく変え、そこを住みやすい土地としたのです。

またじつは平安京が置かれた地域自体、もとは秦氏の所有地でした。その地は秦氏と、その一族である賀茂氏《かもし》、八坂氏《やさかし》、土師氏《はじし》、栗田氏《くりたし》、茨田氏《いばたし》などの所有地だったのです。さらに旧皇居、すなわち京都御所が置かれたところも、秦氏の所有する所でした。

平安遷都のために必要とされた巨額の資金も、秦氏（秦島麻呂《はたしままろ》）が出しました。つまり、平安京は秦氏がつくったといっても、決して言いすぎではないのです。

よく指摘されますが、「平安京」という名前は、イスラエルのエルサレムと同じ意味です。イェル・サレムはヘブル語で「平安の都」という意味であり、平安京ということなのです。平安京には、秦氏のエルサレムへの憧憬《しょうけい》の想いが、込められていたに違いありません。

平安京がつくられた後、やがて『祇園祭《ぎおんまつり》』が始まりました。今も全国の各地で夏に持たれる祇園祭（夏祭）の中心は、京都の祇園祭にあります。

京都の祇園祭における最も盛大な行事、山鉾《やまほこ》巡行は、毎年七月一七日に行なわれています。この日は、聖書の『創世記』を読むと、ノアの箱舟がアララト山に漂着したのと同じ日です（ユダヤ暦の第七月一七日創世記八・四）。

祇園祭はまた、もともと伝染病が起こらないようにとの願いから始まりました。一方、旧約聖書によれば、古代イスラエルのソロモン王は、やはり伝染病が起こらないようにとの願いから、ちょうど同じ時期に盛大な祭を行ないました（Ⅱ歴代誌六・二八、七・八～一〇）。

京都の祇園祭はまた、七月一日と一〇日にも重要な催しがあります。これらの日は、古代イスラエル人にとっても、重要な催しのある日でした（ラッパの祭および大贖罪日《だいしょくざいび》。レビ記23・24～27）。このように平安京には、聖書に由来すると思われるような事柄が、数多くあることがわかります。

人々は渡来人たちと一緒になって、平安京建設というビッグ・プロジェクトをなし遂げました。平安京の時代の日本は、多くの民族、文化、宗教、伝統を包容し、そこから新しい文化・文明を創造していたのです。

また京都の隣に、「琵琶湖」があります。イスラエルには琵琶湖と大きさも形もよく似たガリラヤ湖という湖がありますが、これは古代には「キネレテ湖」と言いました。キネレテは琵琶の意味です。どうも京都の付近には、イスラエルを思い起こさせる名前が多いように思います。

秦氏と稲荷神社の関係

秦氏はまた、全国に数多くある「稲荷神社《いなり》」の創建にもかかわりました。全国に一番多いのは八幡《やはた》神社で、稲荷神社は八幡神社についで多い神社です。

稲荷神社の頂点に立つのは、京都にある伏見《ふしみ》稲荷大社です。伏見稲荷大社は、秦氏の首領・秦公伊呂具《はたのきみいろぐ》が創建したものです。稲荷神は秦氏の氏神《うじがみ》（氏族が崇拝する神）でした。また空海に始まる真言密教の僧侶たちも、熱心に稲荷信仰を広めました。

稲荷神社というと、朱色の鳥居や旗が特徴です。入口にある狛犬《こまいぬ》も、普通の神社のは獅子《しし》なのに、稲荷神社のはキツネになっています。私には、このキツネはどうも異様なものに見えます。キツネは本来の神道とは別のものでしょう。

実際、稲荷神社とキツネは、本当は無関係なのです。仏教系の稲荷信仰、つまりダキニ信仰（荼枳尼天《だきにてん》）のキツネが入って、稲荷神社にキツネが置かれるようになりました。本来の稲荷神社はもっと違った形のものでした。それはもともと、秦氏の信奉する宗教の流れを汲むものだったのです。

イナリは、今はふつう「稲荷」と書きますが、漢字が日本に輸入される以前から、イナリという音がありました。「稲荷」は当て字です。ある人は、このイナリというのは、先の「ＩＮＲＩ」（ユダヤの王ナザレのイエス）から来たのではないか、と述べています。

稲荷大神は、正式には「宇迦之御魂大神《うかのみたま》」という名前です。この神は、じつは伊勢神宮の外宮《げくう》で祭られている「豊受大神《とようけ》」と同じ神なのです。「世界大百科事典」（平凡社）にはこうあります。

「（豊受大神の）トヨは美称、ウケ……は食物の意、すなわちこの神は……うかのみたま（の神）である」

つまり、稲荷の神と伊勢神宮の神は同じです。また同事典によれば、「伊勢神道」（伊勢神宮に基盤をおいた神道説）において「豊受大神」は、秦氏創建の「蚕《かいこ》の社《やしろ》」で祭られていたアメノミナカヌシの神と同一神とされている、と述べています。さらに、古代史家で、私の友人でもある三神たける氏は、こう述べています。

「豊受大神が伊勢の外宮に移る以前、この神は丹後《たんご》の籠神社《この》で祭られていました。その籠神社の宮司は、はっきりと言いました。豊受大神はイスラエルの神であると。稲荷大神はもともと絶対神ヤハウェであり、イエス・キリストだったのでしょう」

伊勢神宮の神も、稲荷の神も、秦氏創建の蚕の社のアメノミナカヌシの神も、みな同じ神なのです。もとは、イスラエルの神ヤハウェだったのでしょう。後世になって名前がいろいろになったので、たくさん神々があるように思うかもしれませんが、元は一つのようです。

その元を知ることが、私たちのルーツを知ることです。

ところで、伊勢神宮にまつわる「元伊勢」の一つ、丹後の籠神社のすぐ近くに、美しい景観で有名な「天橋立《あまのはしだて》」があります。細長く伸びた砂州が湾の中を横切っています。しかしこの橋の由来は、もともと天と地とを結ぶ橋だったのが、外れて落ちてそうなったのだといいます。

しかし、立てた橋なら、もとは梯子《はしご》だったということです。また昔、梯子を立てることを「はしだて」（梯立《はしだ》て）と言いました。国語辞典にも載っています。「橋立」の名はこれから来たのでしょう。

聖書には、昔イスラエル民族の父祖ヤコブが、ある夜、神の幻の中に天と地とを結ぶ梯子を見、天使たちがそこを上り下りしていたという話が載っています（創世記二八・一二～一二）。天橋立の伝説は、まさにその聖書の話を思い起こさせます。

また日本の神道に、古くから『神道五部書《しんとうごぶしょ》』と呼ばれるものが伝わっています。これは鎌倉時代につくられたもので、伊勢神道のためのものです。ある人は、この『神道五部書』と、聖書の『モーセ五書』（トーラー）の間に見られる様々な類似性について語っています。

秦氏はまた、稲荷神社の創建に深くかかわっていたように、じつは伊勢神宮の創建にも深くかかわっていました（詳しくは『日本・ユダヤ封印の古代史2　仏教・景教篇』徳間書店刊）。

秦氏とヤハタ神

つぎに「ヤハタ神」（八幡神）信仰と、秦氏の関係について見てみましょう。

奈良時代の末期になって、それまでの『記紀』（『古事記』と『日本書紀』）の神々とはまったく系譜の異なる神が、突如として登場しました。それが「ヤハタ神」です。

日本全国の約一一万に及ぶ神社のうち、最も多いのが八幡《はちまん》さまで、四万社以上あります。「はちまん」という呼び名は、漢字が輸入されて漢字を当てはめたのち、それを読み替えたものです。それ以前は「ヤハタ」、または「ヤハダの神」（矢羽田、綾幡《あやはだ》）と言われていました。

ヤハダ神の起源は、九州大分県、宇佐《うさ》の地にあります。そこには今も「宇佐八幡宮《うさはちまんぐう》」があります（八世紀建立）。宇佐八幡宮といえば、有名なのが「道鏡《どうきょう》事件」（七六九年）です。

道鏡という仏教の僧侶が、陰謀をたくらんで天皇の座を奪おうとしたことがありました。そのとき、和《わ》気清麻呂《けのきよまろ》が宇佐八幡から託宣《たくせん》を受けて、この陰謀を阻止したことがあります。それで、この神社に訪れるとガイドがよくこう言います。

「八幡神のご神徳《しんとく》は、福徳、愛敬《あいぎょう》、安産《あんざん》、教育から交通安全まで幅広いのですが、天皇になりたいという願いだけは聞き入れられません」

この九州・宇佐の地方は、じつは昔、秦氏一族の最も古い居住地でした。宇佐八幡宮の宮司を務めた三氏族――宇佐氏、大神《おおが》氏、辛嶋《からしま》氏は、いずれも秦氏でした。ヤハダ神の古い神社「筥崎宮《はこざきぐう》」（福岡市）の大宮司も、秦氏であったことが記録にあります。ヤハダ神は、秦氏の信奉していた神でした。

秦氏の故郷・弓月《ゆづき》は、「天山《テンシャン》山脈」のふもとでした。ところで九州・宇佐のすぐ近くにも、「天山山地」と名づけられた山々があります。これは秦氏の人々が、故郷を思い出して名づけたものではないでしょうか。

さて、宇佐八幡宮に行くと、そこには「応神天皇《おうじん》が祭られている」という説明になっています。応神天皇は、秦氏が渡来したとき、秦氏を受け入れてくれた天皇です。当然、秦氏と非常に親しい間柄にあったでしょう。また、今学者の間では、応神天皇はじつは渡来人であったと言われています。渡来人が日本の天皇になったというのです。

彼はどんな信仰を持っていたでしょうか。先に述べたように、兵庫県の大避《おおさけ》神社では、今は秦河勝《はたのかわかつ》が祭られています。しかしそこの宮司さんの言うことによれば、おそらく昔は〝秦河勝が拝んでいたもの〟を祭っていただろう、とのことでした。

同様に、宇佐八幡宮では今は応神天皇が祭られていますけれども、昔は〝応神天皇が拝んでいたもの〟を祭っていたとも思われます。それこそが原始ヤハダ信仰であったはずです。「ヤハダ」は、アラム・ヘブル語で「ユダヤ」を意味する「イェフダー」に似ていることもあって、ヤハダ神は「ユダヤの神」だと考える人もいます。

ヤハダ神は、古くから他の一般の人々の信仰も集めました。源氏も、ヤハダ神を信奉しました。ヤハダ神は、日本で最も多くの人々に信仰された、人気のある神だったのです。

ヤハダ神信仰には、聖書の物語を思い起こさせるようなことがしばしばあります。

たとえば、八六〇年に京都につくられた古い神社「石清水《いわしみず》八幡宮」に伝わる説話に、聖書の物語にそっくりのものがあります。それは、源頼義《みなもとのよりよし》が奥州合戦の際に、水がなくて兵士たちが苦しんだので、彼が石清水八幡に祈って岩を突きました。すると、そこから清水が湧きだしたという話です。

一方、聖書には、イスラエル人が荒野で水がなくて苦しんだとき、モーセが神に祈って岩を突いたと書かれています。すると、そこから清水が湧きだしたと（出エジプト記一七・一～七）。聖書のこの話にそっくりな伝説が、なぜ古くから石清水八幡宮に伝わっているのでしょうか。

ある学者は、源頼義が岩を突いて清水を湧き出させたという話は、石清水八幡宮の神官がつくり出したのではないか、と述べています。その際に、聖書の物語を借用したのではないかと。人間はやはり、何かの物語をつくるときも、自分に親しみのある教典ないし文書の話を発想のベースにするわけです。

ヤハダ神信仰には、聖書の処女降誕の話に似たものさえ伝わっています。それによれば、ある処女が告知を受けたのち、神の霊によって妊娠し子を産んで、その子を「ヤハダ」と名づけたといいます（大隅正八幡の古伝）。

これは、処女が、告知を受けたのち神の聖霊によって妊娠し、子を産んでその子をイエスと名づけたという聖書の話によく見ています。民俗学の大家、柳田国男《やなぎたくにお》氏も、これは「イスラエルの古びた教え」に無関係ではないだろうと述べています。

日本の様々なところに聖書の物語

八幡神社に限らず、ほかにも各地の神社の言い伝えなどには、聖書を思わせるものがしばしば見られます。たとえば、山口県の住吉《すみよし》神社と福岡県の和布刈《めかり》神社に、「和布刈神事《めかりのしんじ》」というものが伝わっています。

これは海の和布（ワカメ）を刈り、神社に奉納する儀式です。ある人は、この神事を詠った古い謡曲《ようきょく》

「和布刈」の言葉が、旧約聖書『出エジプト記』の「紅海渡渉《こうかいとしょう》」の記事に表現がよく似ていると、指摘しています。

和布刈神事の謡曲では、かつて風が起こり、雲が起こり、海の水が退けられて屏風《びょうぶ》を立てたように分かれて壁となり、海底が乾いて陸地となり、その後しばらくして、もとの荒海に戻った、という過去の出来事について語られます。

これはまさに、風が起こり、雲が起こり、海の水が退けられ分かれて両側に壁となり、海底が乾いて陸地となり、そこをイスラエル民族が渡ったが、その後もとの荒海に戻ったという、聖書の記事に非常によく似ています（出エジプト記一四・二一～三一）。

このように、日本の伝説伝承に、聖書の物語が参考にされたとか、転用されたとかいう例はかなりあるように感じます。『平家《へいけ》物語《ものがたり》』（一三世紀）の中にも、旧約聖書『エゼキエル書』の「枯れた骨」と非常によく似た物語が混入していることが、指摘されています。

日本では、かつてキリシタン迫害時代に、過去の日本における基督教的な遺跡や、文書、直接的な歴史的遺物等は焼かれたり、破壊されたりしました。表面的には、日本の過去において基督教的な歴史はなかったかのように、見せかけられました。

けれども注意深く、残されたものを検討してみるならば、このように過去の日本における基督教的影響を読みとることができるのです。

「かな」「いろは歌」は景教徒がつくった

一方、日本の「ひらがな」「カタカナ」も興味深いものです。

ユダヤ人、ヨセフ・アイデルバーグは、日本に来て「カタカナ」や「ひらがな」を習ったとき、それらがヘブル文字に大変よく似ているので驚いた、と述べています。彼は「かな」とヘブル文字の類似性を、対照表にして示しました。

それによれば、「コ」「カ」「ラ」「ハ」「ク」「ト」「ノ」「フ」「レ」「ワ」「サ」「そ」「ひ」「あ」などはとくに、アラム・ヘブル文字に形も音もよく似ています（ヨセフ・アイデルバーグ著『大和民族はユダヤ人だった』たま出版刊一二八～一二九頁）。

「ひらがな」「カタカナ」は、奈良時代～平安時代頃につくられたものです。しかし誰によって作られたかは、よくわかっていません。しかし不思議なことは、日本の「かな」と、とくに古代ヘブル文字、あるいはアラム文字との間には非常な類似性があることです。

ヘブル語とアラム語は兄弟言語で、同じ文字を使います。問題は、もし「かな」を普通の日本人がつくったのなら、なぜこんなにアラム・ヘブル文字に似ているのか、ということです。

先に見たように、景教徒たちはウイグルでは、アラム文字を変形してウイグル文字をつくり、土地の人々に読み書きを教えました。その文字はのちにモンゴルでも使用されました。さらに史書によれば、モンゴル文字は、満州文字として満州族の間でも用いられました。

トルコ族の間でも、景教徒たちによりアラム文字を変形してつくられた文字が用いられました。これらの民族においては、いずれもそれ以前に人々は読み書きができなかったのです。

景教徒たちはインドでも、インド文字をつくりました（カローシュティー文字等）。今なおインドで使われているものもあります。東洋の人々に文字を与え、読み書きを教え、学校をつくったのは景教徒たちだったのです。

一方、今日イスラム世界で用いられているアラビア文字はどうでしょうか。アラビア文字は、イスラム教の発生以前につくられました。それはアラム文字、シリア文字にならって考案されたのです。イスラム教発生以前、アラビアには景教が盛んでしたから、アラビア文字考案の背景にも景教徒たちの功績があったと言われています。

先に、景教徒たちが韓国では韓国の文字をつくって人々に読み書きを教えたことも、述べました。彼らがつくったそれらの新しい文字は、土地の人々の言語に合わせたもので、非常にシンプルに、またすばやく書き表せる便利な文字でした。

文字をつくるなんて、本当にすごいことです。そしてそれは真に創造的、文化的な働きでした。景教徒たちの使命の一つは、誰でもわかる平易な文字に翻訳された聖書を広めることでしたから、彼らは行く先々の言語を徹底的に研究しました。そして、しばしば言語に合わせて文字さえも創作していたのです。

ですから、日本にも景教徒が来たのであれば、彼らが日本人の言語を研究し、その言語に合わせた適切かつ簡易な文字をつくり出し、それを日本人に普及させようとしたとしても決して不思議ではありません。

その際、彼らは景教徒であり、アラム語を母国語とする人々でしたから、「かな」をつくる際に、アラム文字を若干変形させてつくったのではないかと想像されるわけです（シリア文字も、アラム文字を基本としたものです）。

さらに、これに関連して思い起こされるのは、「いろは歌」です。そこにも景教徒の影響が認められるのです。

いろは歌は、音の異なる四七文字の「かな」を一字も重複することなくすべて使用して、しかも深い意味のある一つの歌にしているものです。そう簡単にはつくれない歌です。

私は「いろは歌」というようなものが日本にあると知ったとき、非常な驚きを覚えたものです。英語にはこのようなものはありません。昔、いろは歌は習字の手本にされたそうですから、日本人は誰でも空で言えるものでした。今は少し、なじみが薄くなったような気がします。

いろは歌は、平安時代につくられたと言われています。弘法大師・空海の作、との俗説がありますが、現在のほとんどの学者はこれを否定しています。一般には作者は不明なのです。いろは歌は古来、七文字ずつに区切って記されました。

「いろはにほへ**と**
ちりぬるをわ**か**
よたれそつね**な**
らむうゐのお**く**
やまけふこえ**て**

あさきゆめみし
ゑひもせ　す」

ここで、一番下の文字を続けて読むと、

「とがなくてしす」（歌の中で清音と濁音は一つになっている）

となることがわかります。「咎《とが》なくて死す」と読めます。罪がなくて死んだ、の意味です。
さらに右上、左上、左下の文字を続けて読むと「イエス」となります。これらのことは、

「罪なきイエスが十字架上の死を遂げた」

という景教徒たちの持っていた信仰と、何らかの関係があるのではないかと言われてきました。私の父はこれについて、米国シカゴのアシュルバニパル図書館のH・モリヤマ氏、およびホーマー・アスリアン博士に尋ねてみたことがあります。彼らは、

「これは明らかにキリストのことを言っている」

と言いました。私も、いろは歌は景教徒がつくったものに違いない、と思います。いろは歌は、景教徒たちが「自分たちは日本に来たんだぞ」というメッセージをも後世に残すために、つくったように思えます。

第６章　渡来人の町だった奈良や京都

奈良や京都はかつて渡来人で満ちていた

日本は、古代から様々な渡来人がやって来たところでした。

とくに飛鳥《あすか》時代以降になると、奈良や京都は、渡来人の新興住宅地でした。

当時、奈良の南部――今の奈良県高市郡の住民中、八〇パーセントは渡来人であったとのことです。

そののち、京都も渡来人の多いところとなりました。京都はかつて住人の七〇～八〇パーセントが渡来人、帰化人であった、と日本の歴史家が述べています。とくに多かったのが秦氏《はたし》でした。

街を歩くと、大半の人が渡来人だった。色の白い人や、褐色の人、背の高い人や、彫りの深い人、様々な人種、様々な文化背景の人がいました。『日本書紀』には、たとえば推古《すいこ》一六年（六〇八年）の記述に、

「この年は新羅《しらぎ》の人が多く帰化してきた」

とあり、また推古二〇年（六一二年）の記述には、

「この年、百済《くだら》から日本を慕ってやって来る者が多かった」
と記されています。偉い人だけではなくて、名も知れぬ人々もたくさんやって来たのです。

『日本書紀』を読んでみると、渡来人については、朝廷を訪問したような主だった人については詳しく記していますが、そうでない人々については、いちいち記していないことがわかります。

たとえば、船で日本海側にやって来て、あるいは九州や瀬戸内海の方にやって来て、海岸でおりてそのまま住み着いた人たちも、たくさんいたでしょう。彼らは朝廷を訪問したりしませんから、記録には残りませんけれども、そういう人たちがたくさんいたのです。

また天智《てんじ》二年（六六三年）の記述には、朝鮮半島にあった百済の国が滅びたので、
「百済の……一般人民は……日本に向かった」
とあります。非常に多くの亡命者が日本にやって来た。ある学者は四〇〇〇～五〇〇〇人以上だったと推定しています。その五年後にも、高句麗《こうくり》から、多くの亡命者がありました。

これら朝鮮半島や中国から渡って来た人々は、「渡来人」とはいっても、今の韓国人や中国人のような顔をしていたと多くの人は思うようです。けれども当時の中国や朝鮮半島は、今よりもずっと、私たちの想像以上に国際的なところだったのです。

たとえば、『日本書紀』には秦氏も、「百済からやって来た」と書いてあります。しかし実際は先に述べたように、彼らはもともと、はるばる中央アジアから来た人々で、朝鮮半島の百済は単なる経由地にすぎませんでした。

また斉明七年（六六一年）に、トルコ人（突厥《とつけつ》）の軍隊が朝鮮半島に攻め寄せた、とも『日本書紀』は

記しています。トルコ人といえば、西アジアが故郷です。なのに、遊牧民であった彼らは、はるか朝鮮半島にまでやって来ていた。

一方、八二五年頃、アラブ商人スラメインは中国を旅してまわっています。ほかにも、アラブ人がたくさん中国にやって来たことが知られています。

このように様々の民族が、中近東、西アジアや、中央アジアから、中国や朝鮮半島にやって来ていました。それについて以前、広隆寺の奥さんが、こう教えてくれました。

「みなさん、勘違いなさるのですけれど、中国や朝鮮半島から渡来人が来たと言いますと、全員ワンパターンの顔をしていたと思うのですね。今の中国人や韓国人のような顔をしていたと。でもそうじゃないのです。当時の中国や朝鮮半島はとても国際的でした。

たとえば、ケンさんと私が韓国の港を出て、船で日本にやって来たと想像してみます。そうしたら、二人の人間が韓国から日本にやって来たと、港などの書類には記されるでしょうね。また何かの史料には、年間たとえば八〇〇〇人の旅行者が韓国から日本に渡っているとか記されるでしょう。

しかしケンさんと私では、顔つきも、髪の色も違います。当時も、そういう感じだったと思うのです。史料上では、朝鮮半島や中国から何千人来たとか記されるでしょうけれども、じつはいろいろな人が混ざっていたのです」

まさしく、世界中からシルクロードを通っていろいろな人種、文化背景の人々が、中国や朝鮮半島にやって来ていたのです。彼らは日本にやって来るときは、中国や韓国を経由しましたけれども、もとは、もっと向こうからやって来た人々だったのです。

私の友人の一人に、数学者兼大道芸人というピーター・フランクルがいます。彼はハンガリーの出身ですが、以前テレビに出演したとき、こう言っていました。

「日本語の『ミズ』（水）と『シオ』（塩）は、僕の国でも同じなんです。ハンガリーに行って、日本語で『ミズ』とか『シオ』と言えば、通じますよ」

水と塩は、人間が始まって以来、人間と共にあったものです。その言葉が同じだということに、やはりシルクロードの秘密が隠されているといってもいいでしょう。

様々な渡来人がやって来た

また八〇〇年代後半頃になると、中国や朝鮮半島からの商船が、日本にたくさんやって来るようになったことが知られています。もはや、わざわざ遣唐使を派遣したりする必要がないほど、多くのものや人が日本に入ってきたのです。それで遣唐使は廃止されました。

じつは中国では、八四五年に、大規模な宗教弾圧が起こりました。唐の皇帝・武宗は、仏教界の腐敗堕落と横暴を見て、怒ったのです。皇帝は、「これでは宗教が国を食いつぶしてしまう」と言い、国内のすべての宗教を弾圧し始めました。

それで中国の景教徒も、巻き添えとなって弾圧されました。ですから、詳しい記録は残っていませんけれども、このとき、中国から多数の景教徒が日本に亡命したこともあったでしょう。

ある人は、ペルシャ人なども当時たくさん日本に来たと考えています。

東京・上野の国立博物館に、七世紀頃の「香木《こうぼく》」が保管されています。その香木のうち二本に、ソグド文字の焼き印と、パフラビー文字が記されています。これらは共にアラム文字に由来する、ペルシャ系の言葉です。

それらの文字は、香木の取引をしていた業者の名前と言われています。香木は日本や中国には存在しないもので、南方地域の産物です。またその焼き印に見られる大きな十字のマークは、十字架のようです。

それらの香木は、比叡山《ひえいざん》の延暦寺《えんりゃくじ》にあったといわれ、長く法隆寺に保管されていました。

つまり、ペルシャのものや人が来ていたことを示しています。ある学者は、当時の日本にはゾロアスター教徒なども来ていた、と述べています。

一方、法隆寺にある、聖徳太子《しょうとくたいし》をモデルにしたと言われる救世《くせ》観音像の冠の一番上にあるマークは、ペルシャの王族のものにそっくりだとも指摘されています。

日本に来た渡来人はこのように、記録に残っていないものも考えれば、非常に多かったことがわかります。こうして京都や奈良は、中国の長安《ちょうあん》と同様に、大国際都市となっていました。様々な民族が入り交じっていたのです。そして多種多様な文化、宗教が入り交じっていたでしょう。

京都や奈良は、今で言えば、香港やシンガポールみたいなところでした。それらの街を歩くと、こっちには基督教会があり、あっちにはイスラム教会があり、少し先には仏教の寺がありといった感じで、様々の宗教が同居しています。また、街で出会う人は、黄色い人、白い人、褐色の人、黒い人、大きい人、小さい人、いろいろです。

法隆寺に保存されていた香木と、そこに刻まれたソグド文字の焼き印(左)(東京国立博物館蔵)

聖徳太子の居住した法隆寺・夢殿に置かれていた救世観音像。聖徳太子の現し身と言われ、12世紀から明治17年まで秘め置かれて、一切公開されなかった。像の最上部の三日月形のマークは、ペルシャ系王族のものによく似ている。

シルクロードの終点であった京都や奈良は、今で言えば、たとえばタジキスタンなどの街の光景に似ていたと思います。ここではペルシャのおじさんが絨毯《じゅうたん》を売っている。すこし先では中国系の男女が工芸品を売っている。隣では、ユダヤ人がアクセサリーを売っている。多種多様なのです。

そういうところに行ってみると、昔の京都や奈良ってこんな雰囲気だったんだな、と思います。それが京都や奈良の良さだった。ああ、昔の日本人って、こういう生き方していたのだな、と思うのです。

仏教の町ではなかった京都

しかし、多くの日本人はこのことを知りません。私自身、以前は知りませんでした。京都や奈良は、いわゆる日本人だけの街、仏教の町だ、ぐらいにしか思っていなかったのです。

以前、京都を訪れたときのこと、私は土地の人と話している中で、つい、

「京都は仏教の町ですよね」

と、こぼしてしまいました。するとその方は〝失礼なことを言わないでください！〟という顔をして、

「今はそうかもしれませんけれど、昔は違ったのですよ」

と言うのです。

「じゃあ、昔は何だったのですか」

「いやあ、それはよくわかりませんが、でも、仏教でなかったことだけはたしかです」

と言うのですね。それで私はその後、京都と奈良についてよく調べてみたのです。すると驚くことに、それらはもともと世界中から人々が集まる街で、非常に自由なところでした。

渡来人である秦氏も、京都に本拠地を置き、その自由な雰囲気の中で自己の宗教を信奉していました。七世紀になると、聖徳太子は日本最初の成文法、あの優れた「十七条憲法」をつくった、と言われています。

それは仏教的理念に基づいてつくられたと、一般には思われています。しかし実際には、聖徳太子の周辺には数多くの渡来人がいました。そうした多種多様な民族、文化、発想に影響されて、でき上がったものなのです。

決して単一の仏教的発想だけででき上がったものではありません。また様々な渡来人が多かったからこそ、彼らの間の融和をはかるために、

「和をもって尊しとなす」

というあの十七条憲法が必要だったのです。

今の日本人は、「日本人」と「外人」（外国人）というように、人間を二種類の人々に分けて考えているようです。しかし、古代の日本人はそうではありませんでした。古代日本の系譜書である『新撰姓氏録《しんせんしょうじろく》』（八一五年）において、日本国内の諸氏族は、「皇族」を別にすれば、

「以前から来ていた人々」

「新しく来た人々」

の二つに分けて記されています。「彼らは早くから来ていた人々だ」、また「彼らは最近やって来た人々

だ」という分け方をしていたのです。それが当時の意識でした。

古代の日本には、大陸から、自由を求めてやって来た人々が数多くいたのです。あの秦氏が日本にやって来たのも、自由と安住の地を求めたからでした。

また景教徒たちが西に行かず、東へ東へと来たのは、ヨーロッパでは暗い圧政が続いていたからです。彼らは東方に自由を求め、中国にやって来て、さらに日本にまでやって来たのです。

ある人々は、日本と朝鮮半島の間には海があって、船を出しても難破するものが多かったのだから、わざわざ日本に行きたがる者は少なかったと考えます。けれども中央アジアや、中国でも圧迫があったとき、彼らが自由と安住の地として夢見たのは、日本でした。

もはや日本しかなかったのです。彼らには一種の合い言葉がありました。

「日本にさえたどり着けば、もう誰も追いかけて来ない」

最果ての地・日本こそ、彼らのための避難所でした。そうやって、多くの人が自由を求めて日本にやって来たのです。だからこそ、多くの渡来人に満ちた日本において「和」が必要だったのです。

聖徳太子はそれを推し進めました。のちに見るように彼自身、渡来人だった、と考える学者さえいます。

そして日本が渡来系民族を受け入れて、それをうまく融合させているときは、日本は華やかで高度な文明を生みました。

聖徳太子に対する古代基督教の影響

あの「十七条憲法」をつくった聖徳太子は、じつは渡来人である秦氏とも、緊密な協力関係を保った人でした。

賀茂《かも》氏とも協力関係にありました。秦氏らは聖徳太子のもとで、完全に信教の自由を保障されていました。秦氏が広隆寺を建てたのも、聖徳太子の時代です。京都大学の池田栄教授は、

「聖徳太子は、唐の太宗の場合のように、熱心な仏教徒であるとともに景教徒であったと考えられ、後世の光明皇后の場合もそうだったと思われる」

と書いていています。ただし、ここで言う「景教」とは、原始基督教の流れを汲む広い意味でのアッシリア東方基督教のことです。

一方、イギリスの著名な学者ルイス・ブッシュ教授は、聖徳太子は最初の「民主主義者だった」と述べました。ブッシュ教授は第二次世界大戦後、日本の占領にあたった占領軍の一員でもありましたが、一九四七年にこう述べています。

「聖徳太子は本質的に民主主義者であった。……もし彼について日本人がもっと関心を示していたら、世界は彼の偉大さをもっと知っていたことだろう」

ここでいう「民主主義」とは、民衆の人権を重んじ、決して卑しめないことです。聖徳太子のもとで、

自由と民主主義、福祉が発展したのです。彼はまた、日本における社会福祉事業の創始者でもありました。聖徳太子は大阪に、四天王寺《してんのうじ》をつくったとされています。それには「四箇院《しかいん》」と呼ばれる福祉施設が付随していました。それらは

「敬田院《きょうでんいん》」（宗教、学芸、音楽の殿堂）

「施薬院《せやくいん》」（無料の薬局）

「療病院《りょうびょういん》」（無料の病院、診療所）

「悲田院《ひでんいん》」（身よりのない人々の保護施設）

の四つです。それらに必要な経費は、すべて官費でまかなわれました。これら無料施設は、病人や、貧窮者、身よりのない人々などに、どれほど大きな希望を与えたことでしょうか。この聖徳太子の始めたことを、のちに受け継いだのが、先に述べた光明《こうみょう》皇后だったのです。

これらの福祉施設は、じつは当時、中国、韓国、インド、チベットなどいかなる国の仏教徒も行なっていないことでした。日本神道や、ヒンズー教、イスラム教、ゾロアスター教も行なっていませんでした。ですから仏教の学者は、他のどこの仏教徒も行なっていなかったことを聖徳太子がなしたということで、聖徳太子を称《たた》えるのです。

しかしこうしたことは、じつはシルクロードの各地で、景教徒たちによって行なわれていました。彼らは無料福祉施設、無料医療施設を各地につくっていたのです。池田栄教授も、

「聖徳太子の事業は、京都・太秦《うずまさ》にいた景教徒たちの慈善事業というモデルが存在していたからこそ、初めて可能なことだった」

と書いています。

じつは中国には、西暦六三五年のオロペンの中国皇帝訪問よりも前――六〇〇年以前に、すでに景教徒たちが民間に入り込んでいたと、先に書きました。同様に、景教徒たちは七三六年の李密医《りみつい》らによる日本の天皇訪問よりもずっと前――おそくとも六〇〇年頃には、すでに日本に入っていたようです。

池田栄教授は、六〇〇年頃、聖徳太子のそばには、マル・トマという名の景教徒がいたと書いています。マル・トマはアラム語で「トマス先生」というような意味であり、あのキリストの使徒トマスと同じ名前ですが、聖徳太子の時代の日本に来ていた景教徒のリーダーだったと思われます。

こうした景教徒たちとの交流が、聖徳太子にあのような偉大な事業を展開させたのです。

様々な民族、文化、宗教、発想を受容し、それらを大きく包み込んでいた時代の日本は、このように西洋文明が恥じ入るほどに偉大な文化をつくり出していました。当時の日本には、福祉、慈善、自由、外国との交流などが豊かにあったのです。

当時の奈良や京都には、アッシリアの方からもたくさん人がやって来ていました。私の先祖もたくさんそこにいたのです。そう思うと、

「ああ、私の先祖も共になってこの日本をつくり上げたんだ」

という感慨がわいてきます。当時の日本は非常に国際的でした。そういうときの日本は良かった。発展しました。

日本という国について、私が一つ思い浮かべるものに、「景教の旗」があります。

景教の教会というのはじつは今もあって、それは「聖使徒公同アッシリア東方教会」(Holy Apostolic

聖使徒公同アッシリア東方教会（景教）の旗。日の丸に聖書と十字架がデザインされている。
旗を持つのは景教教会のマル・ディンカ大主教（左）と、ケン・ジョセフSr.　。

Catholic Assyrian Church of the East）と呼ばれています。その旗を見ると、日の丸によく似ています。日の出の際の太陽が描かれて、その上に聖書と十字架がデザインされています。

景教の「景」は日の意味ですから、景教徒にとって日の丸は、景教、またメシヤの意味でした。

今日、「日の丸反対！」という声がしばしば聞かれます。かつて太平洋戦争のとき、日本軍は日の丸の旗を掲げて戦った。だから、日の丸はやめろという。しかしそう言うなら、太平洋戦争のとき、日本軍は日本語を話しながら戦いました。日本語もやめろというのでしょうか。

私は、日の丸を見るとき、それがあの古代日本の古き良き時代を象徴しているように思えてなりません。日の丸には、非常な親しみを覚えるのです。

私の先祖がそれに抱いていた親しみが、今私の内でも記憶となって、親しみを感じさせているように思えます。私の遺伝子の働きでしょうか。先祖の思いが、今もなお私自身の思いとなって生きています。

日本はかつて、世界に光明を放つ国でした。日の丸は、本来はその光明を表すいいシンボルだと思います。日本人の考え方次第では、そして日本人の今後の歩み方次第では、日の丸は自由と繁栄、および「和」と輝きの象徴ともなり得ると思っています。

仏教が日本を支配したとき

日本はよく「仏教国」だと言われます。また「神道国」だとも言われます。

日本仏教においては、非常に偉大な人々がたくさん現われました。空海、道元、日蓮、法然、親鸞、一遍らだけでなく、私生児の父親と誤解されて寺も弟子も失いながら柔和な態度を失わなかった白隠禅師《はくいんぜんじ》、また貧窮者たちの群れに身を投じて彼らの友となった桃水《とうすい》、さらに祇園の舞妓とも手まりをついて遊び、子どもたちとも隠れんぼをして遊んだという良寛和尚、そのほか、民衆の中に入って民衆と一如になって生きたお坊さんたちがたくさんいました。

日本は、そういう偉大な人たちをたくさん生み出した国です。彼らの人格は、宗教を超えて輝いています。これは日本の歴史の、誇れる面です。

しかし中には、誇れないこともあります。

仏教ははじめ六世紀に、奈良に入ってきました。しかし、当初は反対者が多くいました。やがて仏教推進派の蘇我《そが》氏と、神道派の物部《もののべ》氏の間に宗教戦争が起きます。

この戦争に仏教派・蘇我氏が勝利し、実権を握ります。蘇我氏は、日本最初の宗教戦争に勝利したのです。天下を取った彼らは、その後、横暴をきわめるようになります。

蘇我氏は、崇峻《すしゅん》天皇さえも暗殺したのです（五九二年）。なんと天皇を殺した。そうはっきり記録にあります。殺された崇峻天皇は、系図上では聖徳太子の叔父にあたります。聖徳太子の心の痛みは、察するに余りあります。

その後、蘇我氏の権力者、蘇我馬子《そがのうまこ》は自分の姪《めい》を天皇の座にすわらせます。初の女性天皇（推古《すいこ》天皇）。彼女ならば、あやつりやすいと考えたのでしょうか。事実、彼女は蘇我馬子に服従させられていきます。これが日本における仏教専制の始まりです。

かつて、いわゆる基督教国と言われるヨーロッパの国々でも、同様に横暴なことはよくありました。基督教徒と言われる人々も、たくさん悪いことをしました。武力を使って、ひどいことをした。しかし、醜い宗教戦争は、悲しいことにこの日本でもあったのです。

仏教ははじめ、平和的な方法によって日本人に浸透したのではありません。それはむしろ武力によって日本に取り入れられ、力ずくで国教とされました。以後、天皇制も、仏教派の蘇我氏の政治に従属させられます。

しかし本来、仏教には天皇制は必要ないはずです。蘇我氏が天皇制を存続させたのは、天皇制に伴う霊的パワーを利用したかったからでしょう。中枢に神秘的な存在を置いておくことによって、国の統治がしやすくなると考えた。

こうして天皇制は存続し、このとき天皇を助ける形で立てられたのが、聖徳太子でした。

聖徳太子は、強大な権力を持つ蘇我氏とあからさまに対立することを避け、仏教をも尊重しつつ、豊かな知恵をもって事業を進めました。聖徳太子の時代、平和と発展が日本国中に広がりました。しかし、やがて蘇我氏の横暴が強くなり、聖徳太子は政治から退けられます。

そして聖徳太子の死。

その後しばらくして蘇我入鹿《そがのいるか》（蘇我馬子の孫 ?～六四五年）は、聖徳太子の子孫や、その家族をみな殺してしまいます。つまり皇位継承の第一候補だった聖徳太子の子（山背王子《やましろのおうじ》）とその一族を襲い、全員、集団自決に追い込んでしまったのです（六四三年）。事実上の虐殺です。

こうやって完全に仏教独裁となります。そののち、仏教は国の中枢に入り込みます。天皇に関する儀式や政治に、仏教が正式に加わったのです。

仏教徒はそののち、奈良から京都に移ってきました。それでも、様々な民族と文化が許されているうちは良かったのです。が、やがて仏教はあまりに強大なものとなりました。そして京都を独占的に支配するようになりました。

当時の仏教は、個人のものというよりは、国家的、社会的なものだったのです。仏教は、日本において一種の「国教」となりました。しかし、国教になることは、同時に腐敗と堕落の始まりでもあります。ヨーロッパの歴史においても、ローマ帝国で基督教が国教となったとき、それは同時に、基督教会の腐敗と堕落の始まりでもありました。

仏教の独裁体制が始まると、自由と多様さの町であった京都は変わりました。人々の自由は失われてい

聖徳太子の肖像として最も有名な「唐本御影」。右が聖徳太子の子、
山背王子といわれている（宮内庁蔵）。

きました。安住の地を求める人々の多くは、そのために京都を離れ、各地へ散らばりました。最も多く流れた先は山口でした。

山口に「小京都」をつくったのは彼らです。しかし、山口に流れて来た人々の中には、

「もう一度、必ず京都に戻ろう、自由な街をもう一度！」

と決意する人々もいました。そしてどうも彼らの一部は、やがて京都に戻ってきたようなのです。

一方、ザビエルが日本に来て最初に宣教をした地が山口だったということも、興味深いことです。山口の人々は、仏教独裁以前の京都の流れを汲んだ人々だった。彼らは自由の精神が好きな人たちだったのです。

仏教独裁が始まったとき、日本ではたくさんの仏像がつくられたかもしれません。しかし、真の意味での日本の文化の発展――自由、人権、福祉、社会事業などの発展は止まったと思います。

仏教だけでなく、基督教でも、イスラム教でも、ヒンズー教でも、神道でも、なんであれ独裁の時代というのは、発展が失われるのです。

かつて胸を大きく張って、様々な民族、宗教、文化を受容して包み込んでいた時代の日本は、偉大な文化を築き上げていました。しかし、窓口を狭めて、自分の小さな世界に閉じこもってしまった抑圧時代の日本は、退化していったのです。

日本は、こうした文化発展の時代、および発展が止まってしまう時代を、交互に経験してきた国であると思います。

聖徳太子一族はなぜ殺されたか

仏教の独裁が始まったとき、いったい何が起きたのか、もう一つのことを述べましょう。

聖徳太子といえば、仏教を日本に広めた大功労者であり、彼の宗教は仏教だった、彼は仏教を篤く信仰した聖人だった、というのが一般に思われていることでしょう。私たちはそう教えられてきました。彼は法隆寺や四天王寺《してんのうじ》といった、仏教の寺をつくった人ではないかと。

しかし、本当にそうだったのでしょうか。

じつは聖徳太子の一族は、一人残らず、仏教派の蘇我氏によって殺されているのです。聖徳太子がもし本当に仏教の大功労者なら、なぜ仏教派が、彼の一族を皆殺しにしたりするのでしょうか。

さらに、聖徳太子自身の死についても、不審な点があるのです。

六二一年、聖徳太子の母が死亡。そのわずか二ヶ月後、最愛の后（膳《かしわの》菩岐岐美郎女《ほききみいらつめ》）が死亡。さらにその翌日、聖徳太子自身が、四九歳の若さで死にました。この矢継ぎ早の死について、

「どうも状況から見て暗殺の線が濃い」

と言う人もいます。実際、当時は貴人の死にあたっては必ず、墓に葬る前に、いったん遺骸《いがい》を仮設の小屋に安置して、しばらく鎮魂の儀式を行なうのが普通でした。「殯《もがり》」と呼ばれる儀式です。

欽明《きんめい》天皇の死のときは殯を五ヶ月、推古天皇のときは、六ヶ月の殯の期間があったと『日本書紀』に記

録されています。ところがなぜか、聖徳太子が死んだときは殯を行なったと書かれていません。むしろ、早々に埋められてしまったようです。

『日本書紀』では、聖徳太子は二月五日に死に、「その月のうちに」墓に葬られた、と書かれています。何日とは書かれていませんが、国家に多大な貢献をした皇太子摂政《せっしょう》、聖徳太子の死にあたっては、長期の殯があってしかるべきでしょう。ところが、それが行なわれなかったのです。

聖徳太子の弟（来目皇子《くめのみこ》）が死んだときでさえ、殯をしたと書かれています。ところが、聖徳太子については、殯をしたと書かれていない。かつて暗殺された崇峻天皇も、殯を行なうことなく、ただちに埋められてしまいました。これは、彼を暗殺した人々が早く遺体を葬り去り、封じ込めたかったからです。

また江戸時代まで、大聖勝軍寺《だいしょうしょうぐんじ》（通称・太子堂　大阪府八尾市太子堂町）には、聖徳太子が毒殺される場面を描いた絵巻が残っていたといいます。このように、聖徳太子の子孫だけでなく、聖徳太子自身も殺された可能性が強いことがわかります。

ですから、本当に聖徳太子が仏教の大功労者ならば、なぜ彼の一族は排除されたのか、という疑問が当然生じてくるのです。

ある人々は、聖徳太子は伝説で語られているような「仏教の大功労者」ではなかった、と考えています。いわゆる「日本仏教の教主」としての聖徳太子像は、仏教が日本の国教になった後世において作り上げられた虚像にすぎない、というのです。

私たちが教えられてきた聖徳太子像は、どこが情報の源でしょうか。

聖徳太子のことは、『古事記』には記されていません。『日本書紀』には記されています。しかし、この

『日本書紀』は、聖徳太子の死後一〇〇年も経ってから書かれたものです。このというのは『日本書紀』は、天武《てんむ》天皇の息子たちが編集したものです。『日本書紀』が問題です。

そして最近の多くの学者は、聖徳太子一族を滅ぼすのに直接手を下したのはたしかに蘇我入鹿だったけれども、じつはその背後に黒幕がいたと述べています。

それは、後の孝徳《こうとく》・天智《てんじ》、また天武天皇たちであったと。歴史学者・小林惠子《やすこ》氏も、その著『聖徳太子の正体』（文春文庫刊）の中で、そう述べています。蘇我入鹿が聖徳太子の子・山背王子を殺したのは、

「後の孝徳・天智・天武天皇に、まんまと乗せられた」

からだったと。また倭の国の王であった山背一族（聖徳太子一族）の殺害において、

「孝徳・天智・天武等が主役であった」

とも述べています。この孝徳天皇は、蘇我氏の軍が聖徳太子一族を殺害したとき、その軍に加わっていた一人です。

孝徳天皇はまた、六四五年に天皇になって以来、仏教寺院をあつく保護し、宮中でも仏教行事を行なうようになりました。彼以前に、宮中で仏教行事が行なわれたことはありません。また天武天皇の世（在位六七三〜六八六年）になると、天皇家においてだけでなく、全国レベルで仏教行事が営まれるようになります。

このように、以後彼らによって、仏教の国教化が推《お》し進められたのです。

蘇我氏が滅びたのち、孝徳・天智・天武天皇らは、自分たちの権力を確立しました。聖徳太子一族殺害において彼らが主役だったのならば、『日本書紀』の編集者たちは、主犯格側の者たちだったことになり

ます。

したがって、日本書紀が聖徳太子に関して、真実を記しているとは考えられません。隠した部分、すり替えた部分が多分にあると考えられます。幾分かは真実を書いているとしても、当時の政治に都合の悪い部分は書き換えられている、と考えられるのです。

怨霊を鎮めるために祭り上げる

ではどうして彼らは、聖徳太子を「仏教の聖人」として祭り上げたのでしょうか。

そこには、「怨霊《おんりょう》」の観念が働いていました。死者を祭ってくれる子孫がいなくなってしまった場合や、無実の人が殺された場合などは怨霊となり、祟《たた》って災いを起こす――それが古代の人々の抱いた観念でした。

アカデミックな学者は、怨霊信仰は日本では聖徳太子から約二〇〇年後の桓武《かんむ》天皇の時代までなかった、と言います。しかしこれが間違いであることは、たとえば『日本書紀』の「崇神《すじん》天皇」の項を見てもわかります。

聖徳太子よりも前、崇神天皇の時代に、オオモノヌシ（オオクニヌシ）の怨霊が疫病を流行させました。そのために子孫がオオモノヌシを祭り、そのタタリを封じたと記録されているのです。

中国にも、紀元前の時代から、虐殺された被征服民の怨霊を恐れて子孫たちに彼らを祭らせたという記録があります。日本にも古代から、怨霊は祟るという観念が、一般的に存在したのです。とくに、自分を祭ってくれる子孫がいない者は怨霊となって祟る、と考えられました。

聖徳太子は天皇に次ぐ高位の立場にあったのに、すべての子孫を絶たれました。ですから当然、聖徳太子は怨霊となった、と考えられたのです。そして、もし聖徳太子が暗殺されたのなら、なおさらでした。聖徳太子一族の霊は今怨霊となっているから、それを鎮《しず》め、封じ込めなければならないと為政者は考えたでしょう。

怨霊を鎮めるには、どうしたらいいか。〝祭り上げる〟ことです。神社や仏閣に手厚く葬り、聖人、大功労者、救い主として祭り、人々の深い尊敬を集めるようにすることです。

実際、聖徳太子が大功労者として祭り上げられ、いわゆる「聖徳太子信仰」が始まったのは、天武天皇の頃でした。『日本書紀』がつくられ始めた頃です。この頃、法隆寺は聖徳太子信仰の寺として再建されます。

法隆寺は、一度六七〇年に焼失しましたが、そののち再建されました。田中嗣人《たなかつぐひと》氏は、その著『聖徳太子信仰の成立』（吉川弘文館刊）の中で、法隆寺の再建と、太子信仰の発生は、天武天皇の意思から出たと述べています。

つまり聖徳太子を祭り上げたのは、天武天皇でした。その息子たちが、『日本書紀』を編集したのです。当然、そこには自分たちに都合のいい形の聖徳太子像が描かれることになります。かつて哲学者の梅原《うめはら》猛《たけし》氏は、法隆寺が存在する本当の目的は、聖徳太子一族の、

「怨霊を鎮めるためであった」

と発表し、一大センセーションを巻き起こしました。井沢元彦《いざわもとひこ》氏も、その著『逆説の日本史』の中で、当時の為政者の行動の中心に怨霊の観念があったことを明らかにしています。

為政者は、聖徳太子一族の死に責任がありました。そして為政者は、聖徳太子一族の霊が怨霊となったに違いないと考え、法隆寺を、それを鎮めるための寺となした、また人々の間に聖徳太子信仰を生み出して、聖徳太子を仏教の大功労者として祭り上げた――そう考えられるわけです。

聖徳太子と秦氏の関係

もう少し詳しく見てみましょう。

系図によれば、聖徳太子は両親とも蘇我氏の血をひいていた、とされています。しかし、歴史学者・小林惠子氏は、聖徳太子は（蘇我氏以外の）渡来人であった、という内容のことを書いています。聖徳太子はじつは、二〇歳頃に海を渡って日本にやって来た渡来人であると。

聖徳太子の生まれについては謎が多いのです。いずれにしても、少なくとも聖徳太子の側近に、渡来人がたくさんいたことはたしかです。その最も重要な渡来人が、秦河勝《はたのかわかつ》でした。秦河勝は、秦氏の首長です。彼は聖徳太子の有能なブレーンとして働き、いつも行動を共にしました。

聖徳太子の分身のようだった、とまで言う人もいます。ここまで秦氏が聖徳太子と行動を共にした、ということは、秦氏一族全体が聖徳太子のバックにいたことを意味します。また、聖徳太子の跡を継いだ王子の名前は、山背王子《やましろのおうじ》といいます。

山背といえば秦氏の拠点です。王子は、山背の秦氏によって育てられたのです。ここに見えてくるのは、いかに聖徳太子が秦氏との深いかかわりの中にあったか、ということです。聖徳太子は秦氏と同じような宗教、また思想を持っていたように思えます。兵庫県の赤穂《あこう》には、昔から、

「聖徳太子は秦氏だった」

という伝説さえあります。聖徳太子はじつは蘇我氏ではなく、秦氏だったと。私も、聖徳太子と秦氏は血縁的にもつながりがあったのではないか、と思っています。あるいは、同じ中近東、西・中央アジア出身同士ではなかったかと。

ちなみにこの赤穂の地は、あの「赤穂浪士」で有名な赤穂です。そこは、昔から秦氏の多いところでした。そして秦氏は、君主に対して忠義を尽くす人々でした。あの赤穂浪士たちに見られる君主への忠誠心は、秦氏の精神がルーツにあるようにも思えます。

聖徳太子が、系図の上で蘇我氏の流れを汲むとされたのは、太子を仏教の大功労者とするための後世の修正ではないか、とさえ思えます。いずれにしても、太子は宗教的、思想的に秦氏と同じか、あるいはそれに近いものを持っていた、ということだけはたしかでしょう。

聖徳太子は善政をしき、当初は、大きな成果を上げつつありました。しかし、権力の座について横暴を続けた蘇我氏によって、聖徳太子はやがて排除されるようになった。聖徳太子は、本質的に秩序ある自由社会を目指した人だと思います。

しかし、自由社会というものは、尊いけれども、一方では弱いものでもあります。

太子はついに政治からはずされ、彼の一族もやがて滅ぼされてしまいます。このとき秦河勝は、蘇我氏を避けて、兵庫県の坂越《さこし》に逃れなければならなかったほどです。秦河勝はそこで死にました。今もそこに彼の墓があります。私もそこに行ったことがあります。

これは聖徳太子の宗教的、政治的思想が、仏教派であった蘇我氏のものとはまったく異なっていた、ということでしょう。

「しかしそうは言っても、聖徳太子と仏教を結びつける証拠は、たくさんあるではないか」と言われるかもしれません。けれども、実際はそうではありません。つぎに、聖徳太子と仏教とを結びつけていると考えられている、それらのものについて検討を加えてみましょう。

聖徳太子は仏教徒ではなかった!?

聖徳太子は、仏教以外の分野ではたしかに大きな功績を残しました。それは事実です。では、聖徳太子と仏教とを結びつけたものは何かというと、『日本書紀』に記されている次の三点です。

①十七条憲法の第二条「篤《あつ》く仏法僧《ぶっぽうそう》を敬え」。
②聖徳太子は仏教派として、神道派の物部守屋《もののべのもりや》と戦い、その戦勝祈願を行なったと伝えられること。
③仏教の経典を自ら講義し、『三経義疏《さんぎょうぎしょ》』(勝鬘経《しょうまんぎょう》、法華経《ほけきょう》、維摩経《ゆいまぎょう》の講義)を著したと伝えられること。

しかし、これらは本当にそうなのでしょうか。

物部守屋の木像。背後に立っているのは聖徳太子（大阪・大聖勝軍寺蔵）

①の十七条憲法の第二条「篤く仏法僧を敬え」から、見てみましょう。十七条憲法中、仏教的観念を述べているのは、この条項だけです。

十七条憲法については、江戸時代から、これは聖徳太子の作ではないとの説があります。一方、十七条憲法の原案は聖徳太子によるものだが、細かいところは後世の人々によって書き換えられている、と述べる学者もいます。たとえば前述の小林惠子氏は、「十七条憲法についても、後年とくに『日本書紀』に記載するとき、かなりの付加や補足、変更や訂正が行われた」

ようだとしています。つまり第二条の「篤く仏法僧を敬え」は、本来、聖徳太子がつくったものには入っていなかった可能性があるのです。

つぎに、②の〝聖徳太子は仏教派として、神道派の物部守屋と戦ったではないか〟については、どうでしょうか。本当に聖徳太子は、神道派の物部守屋と敵対関係にあったのでしょうか。

聖徳太子を記念してつくられた大聖勝軍寺《だいしょうしょうぐんじ》という寺があります。その境内には、守屋の墓があります。守屋が手厚く葬られている。またそこに、木造の守屋像が祭られています。そして守屋像の後ろには、聖徳太子像が共に立っています。

もし太子と守屋が敵対関係にあったならば、なぜ彼らの像が共に立っているのでしょうか。その光景は、とうてい敵対関係には見えません。むしろ聖徳太子が守屋を追悼《ついとう》し、保護しているように見えます。小林惠子氏は『聖徳太子の正体』の中でこう書いています。

「まず考えられるのは、この二像が現在の形をとって安置された時代には、二人は敵対関係にあると考えられていなかったのではないか、ということである。……もともと太子堂（大聖勝軍寺）は、対守屋戦の戦勝祈願ではなく、太子によって守屋の追悼寺として発願され、建立された可能性は強いのではないかと思う」

また、聖徳太子が守屋との戦いのために四天王《してんのう》に戦勝祈願をして、勝利を得たので建てたと言われている四天王寺についても、同様です。史料上からは、四天王寺が戦勝祈願によって作られたという証拠はありません。

また四天王寺は、もとは少し離れた別の場所にあり、それはもともと仏教の寺ではなく、玉造稲荷神社《たまつくりいなり》であったとの説があります。そして玉造稲荷神社の伝承によると、この決戦のとき聖徳太子は、玉造稲荷神社に詣でて、

「もしこの決戦に勝つならば、この枝に芽を生じさせたまえ」

と祈ったと言います。聖徳太子が祈願をしたのは、仏教の四天王ではなく、イナリの神だった。

また「枝に芽を生じさせたまえ」というこの願掛けは、旧約聖書の〝大祭司アロンの杖に生じた芽〟の話にそっくりであることも、興味深いことです。アロンの杖に芽が生じたことは、神が共にいるというしるしだったのです（民数記一七・五～八）。

玉造稲荷神社の伝承によると、聖徳太子がこうして願掛けをし、栗の木の枝を折って差し込むと、枝に芽が出たと言います。

つぎに③〝聖徳太子が仏教の経典を自ら講義し、『三経義疏』を著したと伝えられること〟はどうでしょうか。聖徳太子は本当に仏教の経典を講義して、その書を著したのでしょうか。

これについては、『三経義疏』は後世の創作、と述べる学者が少なくありません。

たとえば、聖徳太子が講義したという『維摩経義疏《ゆいまぎようぎしよ》』に引用された「百行」は、太子の時代より後世の著述です。また、日本最初の寺院である元興寺《がんごうじ》すら建てられていない時代に、仏教の寺が建てられたなどと述べられています。

また、「聖徳太子が書いた」とされる書物には、じつは歴史上「偽書《ぎしよ》」が少なくないのです。偽書というのは、偽って有名人が書いたように見せかけた書物です。たとえば「聖徳太子の序文つき」という触れ込みの『先代旧事本紀《せんだいくじほんぎ》』なども、偽書と判明しています。聖徳太子は、偽書作家たちが好んだ著者だったのです。

聖徳太子による唯一現存の「自筆」とされる『法華経義疏』にしても、元興寺の僧侶（行信《ぎようしん》）が、聖徳太子の死後一〇〇年以上経った七三七年になって、「聖徳太子の自筆」と言って法隆寺に持って来たものです。本当に聖徳太子の自筆かどうか、確証はありません。

井上光貞《いのうえみつさだ》氏はこう述べています。

「『三経義疏』の作者を太子個人とする考えは、平安朝以後（八世紀〜）の聖徳太子信仰の所産である」（『三経義疏成立の研究』続日本古代史論集中巻所収、吉川弘文館刊）。

このように厳密に見ていくと、聖徳太子と仏教とを結びつける真の証拠は、何もないことがわかります。『日本書紀』は、聖徳太子について書かれた現存最古の書物です。その後、聖徳太子を「聖人」「日本仏教の教主」とあがめた聖徳太子の伝記が、数多くつくられました。しかし、それらすべては後世の創作です。つまり、後世につくられた聖徳太子信仰によって、聖徳太子が日本仏教の大功労者に祭り上げられた姿が、ここに浮かび上がってくるのです。

仏罰を鎮める方法は仏教を広めることだった

また、先に述べた物部氏と蘇我氏の間の戦争の際に仏像を焼いた事件も、聖徳太子の「仏教聖人化」に影を落としていると考えられます。

というのは、仏というものは、ちょっとやそっとのことでは祟ったりしないが、仏像を焼くというような行為に対しては祟る——言い換えれば仏罰を下す、というのが古代の人々の一般的な理解でした。たとえば、東大寺の大仏殿を一一八〇年に焼いた平重衡《たいらのしげひら》、および一五六七年に焼いた松永久秀《まつながひさひで》がそののち悲惨な死を遂げたときも、それらは仏罰と考えられたのです。

したがって、かつて物部氏と蘇我氏の戦争の際に多くの仏像が焼かれたことで、そののち仏教を信じる為政者らは、日本に仏罰が下るだろうと考えたはずです。しかも、聖徳太子は怨霊となっている。仏罰と、怨霊の祟り――その両方を、何とか防がねばなりませんでした。

これらを一石二鳥に解決すると思われた方法が、聖徳太子を「仏教の教主」として祭り上げ、日本に仏教を広めることだったのです。

秦氏と関係の深かった聖徳太子

では、聖徳太子自身の宗教思想は、本当は何であったのでしょうか。それはおそらく、秦氏と同じ、あるいはそれに近いものであったでしょう。

すなわち〝古代基督教的な神道〟です。

秦氏は、日本の神道と基督教信仰とを融合させた、独自な信仰形態を持っていました。それは秦氏創建の木島《このしま》神社にある「三柱鳥居《みはしらとりい》」や、大酒《おおさけ》神社の「ウズマサ明神」などに見られる通りです。

聖徳太子は、冠位十二階、大嘗祭《だいじょうさい》、天皇の称号、日本の国号の制定などの功績を残しています。ここで注意すべきは、これらすべては国家の行政や、祭祀、神道に関する分野での業績だということです。聖徳太子が仕えた推古天皇も、

「今、私の世においても、神祇《じんぎ》の祭祀を怠ることがあってはならない。群臣《ぐんしん》は心を尽くして、よく神祇を

拝するように」（『日本書紀』）
と述べました。この「神祇」を元とする政治姿勢は、聖徳太子も同じであったはずです。彼の理想は決して〝仏教立国〟ではありませんでした。むしろ天皇を中心とする中央集権国家、つまり天皇を大祭司、あるいは「祭祀王《さいしおう》」とする神道国家を目指していました。そしてなおかつ、民衆の人権を重んずる政治を目指していたのです。

祭祀王を中心とする政治形態は、古代イスラエルをはじめ、その後のアッシリア東方基督教徒の間では普通のことでした。秦氏も、「上に立つ権威」（新約聖書　ローマ人への手紙一三・一）を大切にした人々でした。

秦氏と同じように、聖徳太子の理念の中心は、そのような古代イスラエル、また古代基督教的な思想に基づいていたと思われます。彼のすべての行動は、秦氏的な神道――基督教的神道理念のもとになされたようです。

実際、聖徳太子がつくり、自ら住んだ斑鳩宮《いかるがのみや》に、鳥居があったことが知られています。斑鳩宮は六四三年に焼失し、今は法隆寺の一部となっていますが、最近の地下調査によって、そこに鳥居があったことを示す跡が発見されたといいます。

また、聖徳太子が建てたという四天王寺にも、古来、神社の鳥居があります。古記録にも、四天王寺に鳥居があったことが記されています。寺の片隅に鳥居がある形ではありません。寺の入口に古い様式の鳥居が立っています。

鳥居は西門にあり、境内から西の方角を拝することができるようになっています。それはエルサレムの方向でもあります。なぜ仏教の寺であるはずの四天王寺に古来、鳥居があるのか、不思議がる人も多いはずです。つまり、今は寺とされているこれらも、もとは神社だったのではなかったか、と思えるわけです。

四天王寺における愛の実践

聖徳太子の四天王寺は、日本初の本格的な慈善福祉事業が行なわれたところです。四天王寺に付属する「四箇院《しかいん》」では、先に述べたように、宗教、学芸、音楽の殿堂、無料の病院、診療所、薬局、保護施設がありました。そこには病人や、体制から疎外された身よりのない人々、貧窮者などが集まって、無料の福祉を受けていました。

このような聖徳太子の事業は、いったいどんな思想から来たものでしょうか。基督教的な信仰や思想なくして、この愛の実践はなかったように思います。四天王寺はまさにキリストの愛の精神の表現、とさえ言ってよいと私は思うのです。四天王寺にはまた、ほかにも興味深いことがあります。

私の友人が教えてくれたことですが、四天王寺には今も、聖書の福音書に出てくる「ベテスダの池」(ヨハネの福音書五・二)の信仰によく似たものが伝わっているのです。ベテスダ池とは、エルサレムにあった池です。そこにはいつも多くの病人が集まっていました。それは、

「しばしばその池に天使が降りてきて、水を動かし、水が動かされたあとで最初に水に入った者は病が必ずいやされる」

という信仰が言い伝えられていたからです。

四天王寺に、「亀井堂《かめいどう》」というお堂があって、これは聖徳太子時代からのものです。そこに水槽があり、四天王寺金堂《こんどう》の西側の井戸からの水が、金堂の救世観音《くせかんのん》の下を通り、そこへ流れ込んでいます。水は動いていないといけない、といいます。

人々はその水槽に、先祖の名を書いた経木《きょうぎ》を入れます。そして一度沈んだ経木が浮き上がると成仏する、と信じられているのです。これは、水の動きを通し、神の恵みによって苦しみから解放されるというベテスダ池信仰に、どこか似ているように思えます。聖徳太子当時はもっと、イスラエルのベテスダ池信仰に似ていたのではないでしょうか。

さらに、聖徳太子は秦河勝に、太秦寺《うずまさでら》（広隆寺）をつくらせました。古くはこれは「大秦寺《たいしんじ》」とも書きました。大秦寺は、中国では景教の教会を意味した言葉です。聖徳太子は、本当は秦氏に、基督教会をつくらせたのではないかと思えるのです。

法隆寺にはまた、境内に「夢殿《ゆめどの》」と呼ばれる建物があります。その中に、西暦六〇〇年頃つくられたと言われているペルシャの絵があります。それは生命の木のまわりで、ペルシャの服を着た四人の騎士が、振り向きざまに獅子を射る絵で、聖徳太子が生きていたときからそこにありました。

寺の記録では、日本国内で制作されたものです（太子摂政のとき、新羅《しらぎ》征伐のために制作された旗）。そこには中国文化や、仏教文化の影響はまったく見られません。その絵によっても示されるように、聖徳太子の周辺にはペルシャ人がいたようです。また、太子はペルシャなどの文化に親しみ、精通した人でした。

ペルシャといえば、秦氏や景教徒の故郷でもあります。

法隆寺に伝わる絵。ペルシャのものであるが、聖徳太子の時代に日本国内で作られた。

聖徳太子の死後、太子の往生したという「天寿国《てんじゅこく》」のありさまを描いた刺繍画《ししゅうが》が、今も中宮寺《ちゅうぐうじ》（奈良県）に残っています。これは太子をしのんで、妃の橘《たちばなの》大郎女《おおいらつめ》が、渡来人につくらせたものです。『天寿国繍帳《てんじゅこくしゅうちょう》』と呼ばれる刺繍画です。

これを見れば、仏教以外の浄土観念が、そこに同居していることが明らかです。「天寿国」も仏教用語ではありません。これについて研究した冨山昌徳は、

「『天寿国』は、疑いもなくイエスの天国をいうのではないかと思う」

と書いています。ちなみに、この刺繍画を制作した渡来人は、秦久麻《はたのくま》といい、秦氏の人でした。それは、秦氏の天国観念でもあったのです。

この絵は、現在はごく一部しか残っていません。元はもっと大きな絵でした。もし絵全

体が残っていたら、それが基督教的な天国観念を表したものであることが、もっとはっきりわかったに違いないと私は思っています。

聖徳太子はまた、中国の皇帝に宛てた手紙に、

「日出《ひい》づる処の天子《てんし》、書を日没《かく》する処の天子に致す。つつがなきや」（『隋書』倭国伝）

と書きました。じつは旧約聖書には、

「日の上る所から沈む所まで、主の御名がほめたたえられるように」（詩篇一一三・三）

というような表現が数多くあります。「日出づる処」から「日没る処」へ、というような表現は、聖書に親しんでいる人々の発想のように思えます。

斑鳩寺に伝わる古代の地球儀

聖徳太子ゆかりの兵庫県の斑鳩寺《いかるがでら》に、非常に古い時代から伝わるという、不思議な地球儀が存在しています。

それが球形をしているということだけでも驚きなのですが、大陸の形も、非常にいびつながら描かれているのです。ヨーロッパ、アフリカ大陸、インド、中国などが描かれ、驚くことに日本もあります。ただし、北海道は描かれていません。

石製の地球儀で、年月を経ているために表面は茶色になっています。いつその地球儀がつくられたかは、

聖徳太子ゆかりの兵庫県斑鳩寺に伝わる「聖徳太子の地球儀」。その表面には、明らかに人工的に施されたと思われる浮き彫りがあり、いびつながらもヨーロッパ、アフリカ大陸、インド、中国、また日本などが描かれている。

はっきりしませんが、非常に古いものであることだけはたしかなようです。

中世のヨーロッパでは、地球球体説が否定されていたので、地球儀は近世になるまでつくられませんでした。しかしそれより前、古代のギリシャでは、地球儀がつくられたことが知られています。古代ギリシャ人は地球球体説をとっていましたから、紀元前一五〇年頃、最初の地球儀がマロスのクラテスによってつくられました。

そののち、ギリシャ科学を受け継いだイスラム圏でも、地球儀はつくられました。したがって西アジアでは、地球儀は非常に早い時代から存在していたのです。

知られているところでは、中国には一二六七年に地球儀が伝来しています。しかし、それよりも早く、東アジアと西アジアとの間にはシルクロードを通して豊かな交易がありましたから、斑鳩寺に伝わるその地球儀のようなものが、たとえば西暦一〇〇〇年以前から存在していたとしても、決して不思議ではありません。

ある人は、斑鳩寺のその地球儀は、西アジアから聖徳太子の時代に、日本に伝わったものだと考えています。一方、聖徳太子自身がそれをつくらせた、という説もあります。

いずれにしても、聖徳太子ゆかりの斑鳩寺に伝わることから見て、それは聖徳太子に関係したものでしょう。そしてこのような知識は、仏教徒のもたらしたものではないでしょう。

聖徳太子の時代の日本は、私たちが知っている以上に、非常に国際的なところだったのです。そして太子は世界の事情に精通していました。それは秦氏や、渡来系基督教徒、その他の渡来人などとの、非常に密な関係によって得られたものと考えられます。

仏教の聖人としての聖徳太子は虚像

さらに、先に述べたように後世につくられた聖徳太子伝説には、聖書の物語からの借用と見られるものがたくさんあります。馬小屋で生まれたイエスに似せて、聖徳太子も馬小屋で生まれたとしていること。そのほか、たくさんあることを見ました。

聖徳太子の伝説や伝記はすべて、太子の死後何百年も経ってからつくられたものです。それらは、聖徳太子を偉大な仏教者として描いているけれども、それを描くのにしばしば聖書の物語を借用しています。

ここで見えてくるのは、聖書と関連する姿がじつは聖徳太子の実像であって、仏教者としての聖徳太子は虚像ではないか、ということです。

仏教独裁が始まったとき、天皇は殺され、天皇と共に働いた聖徳太子一族も闇に葬られ、抑圧と専制が取って代わりました。日本の歴史はすり替えられ、為政者に都合のよいように、書き換えられました。

そして聖徳太子も、仏教の大功労者に祭り上げられ、彼の実像は葬られてしまった。しかし、そこに聖書の物語が借用されたのは、彼のことを表すのには聖書の物語が最もピッタリしたからではないか、と思われるのです。

先に述べたように、光明《こうみょう》皇后は景教に深く心酔した人でしたが、仏教側は単に終生熱心な仏教徒であったと伝えてきました。同じようなことが、聖徳太子にも起こったように思えます。

私はまた先に、天草四郎《あまくさしろう》の銅像の話をしました。天草四郎はキリシタンですが、その銅像は菩薩顔で、まるで〝天草四郎菩薩〟〝天草四郎観音〟といった雰囲気を持っている。もしかしたら、あと何百年、あるいは一〇〇〇年も経てば、本当に観音様になってしまうのではないか、と。

それと同じように、聖徳太子は秦氏と同様、基督教的神道の思想を持っていたが、仏教が日本の国教となった後世において、日本仏教の教主として祭り上げられたのではないでしょうか。

私は以前、こんな話を聞いたことがあります。ある日本の億万長者が、何百万ドルものお金を使って、シルクロードに残っていた景教の遺物を取り去ってしまったというのです。そして、そこに最初にたどり着いたのは仏教徒であるように見せかけたと。

また、私の父が以前、日本のある画商と会ったときのことでした。その画商はこんな話をしてくれたのです。ある古い絵に、火のついた丸い玉を手に持っている「仏の座像」が描かれていました。

画商は、レントゲン写真を使って、絵が改作されていないかどうかを調べます。それでその絵を調べてみると、その「仏画」の下に見えたのは、じつは十字架のついた玉を手に持ち、胸にも十字架をつけている「基督教徒の座像」であったといいます。

その絵が改作されて、「仏画」に見せかけられていたのです。けれども画商は、それが何という絵か、今どこにその絵があるのかなどは、もし話せば首が飛ぶとのことで教えてくれませんでした。

同じようなことが、聖徳太子伝説に対しても行なわれたように思えます。宗教の善し悪しを述べたいのではありません。真実の歴史を知りたいのです。

さらに、私が思い出すものがあります。基督教会には、クリスチャンなら誰でも知っている讃美歌の一つに、「主われを愛す。主われを愛す」というのがあります。「主われを愛す」わが主イエス（三回繰り返し）、我を愛す」「主われを愛す。主は強ければ、我弱くとも、恐れはあらじ。わが主イエス（三回繰り返し）、我を愛す」という歌です。これは英語では、

"Jesus loves me	イエスは私を愛してくださっている
this I know;	私はそれを知っている
For the Bible tells me so;	聖書がそう言っているから
Little ones to him belong,	小さき者たちは彼に属する
They are weak, but he is strong,	彼らは弱くとも彼は強い
Yes, Jesus loves me,（三回）	イエスは私を愛してくださっている

The Bible tells me so."　　聖書がそう言っている

といいます。ところが、これを仏教化した歌が、ハワイのある仏教の寺で歌われていました。こう歌っていたのです。

"Buddha loves me　　ブッダは私を愛してくださっている
this I know ;　　私はそれを知っている
For the Sutras tell me so ;　　お経がそう言っているから
Little ones to him belong,　　小さき者たちは彼に属する
They are weak, but he is strong,　　彼らは弱くとも彼は強い
Yes, Buddha loves me,（三回）　　ブッダは私を愛してくださっている
The Sutra tells me so."　　お経がそう言っているから

「イエス」が「ブッダ」になり、「聖書」が「お経」に変えられているだけで、あとはみな同じです。どうも仏教には、他宗教のよいものを何でも自分のものにしてしまう性格があるようです。

日本の歴史においても、仏教でないものが仏教にされてしまったことが多かったのではないでしょうか。私がはっきり言えることは、かつての日本は仏教だけの日本ではなかった、ということです。多民族、また様々の宗教を擁《よう》する日本があったのです。

なぜ法華経が日本で親しまれたか

昔から日本の仏教界では、法華経が最も読まれ、最も重んじられてきました。いわゆる聖徳太子伝説の中でも、聖徳太子は法華経を講義したことになっています。法華経は、比叡山《ひえいざん》の天台宗においても研究されました。法然、親鸞、道元、日蓮など、鎌倉新仏教をつくった人々も、みな法華経にふれています。

とくに道元と日蓮は、最後まで法華経と深い関係を持ちました。法華経は、インドでは見向きもされなかった経典です。ところが日本では、「仏教のバイブル」と言われるほどに親しまれる経典となりました。なぜでしょうか。

以前、ある仏教学者が、日本宗教学会において「法華経寿量品の思想と、新約ヨハネ伝の思想について」と題する研究を発表したことがあります（立正大学講堂、昭和九年）。それによれば、法華経のとくに『寿《じゅ》量品《りょうほん》』は、新約聖書の『ヨハネの福音書』の思想によく似ている、といいます。冨山昌徳も、

「（法華経の）『寿量品』は、新約聖書『ヨハネの福音書』の教えを換骨奪胎《かんこつだったい》（焼き直し）してできたものと考えられます」

と述べています。別の人は、法華経は西暦一世紀後半から二世紀にかけてつくられた経典であり、当時仏教徒が使徒トマスのインドにおける伝道を見て、それに対抗し、キリストと競えるようなシャカ像をつ

くりあげた――それが法華経だった、と言っています。

法華経には、「久遠実成《くおんじつじょう》の仏」といって、シャカはじつは永遠の昔から仏なのだ、という思想が説かれています。これは、ヨハネの福音書に語られた「永遠のキリスト」の教えと同じです。

また法華経では、「一乗妙法《いちじょうみょうほう》」といって、「声聞《しょうもん》」「縁覚《えんがく》」「菩薩《ぼさつ》」の別を問わず、誰でもこの教えによって仏になれると説かれています。これは、ヨハネの福音書をはじめ聖書全体が言っている「誰でもキリストによって神の子となれる」という思想と同じです。

このように法華経は、数ある仏教の経典の中でも、聖書の中心思想に最も近いものを持っています。ここに、日本ではなぜ法華経が最も愛されたのか、という理由の一端を見ることができると私は思っています。

というのは、かつて日本では仏教が国教化し、仏教以外のものが禁じられたり、退けられたりしました。そのとき景教、また景教的な思想に親しんできた民衆は、どうしたでしょうか。彼らは法華経の中に、景教――基督教的思想のよすがを見たのです。

古代基督教徒・秦氏が日本に来て、基督教を日本に伝えました。またその後、景教徒・李密医《りみつい》らも日本にやって来て、景教が広まり始めました。しかし当時は、奈良の大仏がつくられた聖武《しょうむ》天皇の時代でした。仏教は日本において、絶対的な権威を持っていました。

そのとき人々は、法華経の中に〝景教に似たもの〟を見いだしたのです。聖武天皇が全国各地につくった国分寺や、国分尼寺《こくぶんにじ》においてなぜ法華経が熱心に読まれたか、ということにも、これがあったように思えます。

その後も法華経は日本人に愛され、法華経をもとにした様々な新宗派が生まれました。現在でも、日本の仏教系新興宗教の多くは、法華経を基礎にしています。これは、景教の信仰や景教的思想に培《つちか》われた古代の日本人にとっては、仏教以外を信仰できなくなったとき、法華経は最も親しみやすいものだったからでしょう。

そうした古代の経験が、現代に至るまで引き続いているように私には思えます。

多様性を認め合う

以上、日本の歴史において、仏教が独裁的に支配した時代について考えてみました。

これは宗教が悪いということではありません。宗教が政治権力と一緒になるのが悪いのです。どんなに良い宗教であっても、政治権力と一緒になると、必ず悪いことが起きます。

誰が悪いのでもない。今、日本は迷子になっています。先が見えません。今後どうしたらいいのか。集団で迷子になったとき、「お前が悪かった」「お前もだ」と互いに責め合っていては、もっと迷子になるだけです。

大切なのは、赦《ゆる》し合うこと、そして、迷った元の地点に戻ることです。みんなが悪かった。だから、今まで来た道を振り返り、ルーツに帰る。多様性と自由を認める精神に立ち帰る。それが、聖徳太子が私たちに教えてくれたルールです。

責め合うのじゃない。「和をもって尊しとなす」しかし、事実は大切にする。すり替えない。そして多様性の中に互いを受け入れながら、刺激し合って、新しいものを創造していく。

「みんな仏教徒でなければならない」「神道信者でなければならない」「基督教徒でなければならない」といった独裁、専制の時代は、いいものをつくり出しません。

かつて仏教独裁の時代は、日本の発展が止まり、逆戻りした時代となりました。太平洋戦争時代の日本も、神道独裁の時代となって、抑圧が、自由と民主主義に取って代わりました。日本の歴史を見てみると、そういう時代が何回かあります。

日本の発展が止まり、逆戻りしたもう一つの大きな時代があります。それは、鎖国時代、またキリシタン迫害の時代です。最後に、次の章でそれを見てみましょう。

第７章 ルーツに帰った人々

キリシタンがなぜ増えたか

ザビエルが一六世紀に日本に来たとき、非常に多くの人々が、またたく間にクリスチャンになりました。なぜあんなに多くの人たちがクリスチャンになったのでしょうか。

今日の日本では、クリスチャン人口は一パーセント未満と言われます。日本人はなかなかクリスチャンになりません。ところが、ザビエル当時の日本人は、福音《ふくいん》を聞くとすぐさまクリスチャンになりました。

これは今まで見てきたように、日本人には昔から、ある種の古代基督《キリスト》教的な土壌があったからだと、私は思っています。

一世紀頃には、原始基督教徒が日本にやって来ていました。おそらく仏教より早く、原始基督教は日本に入っていました。また、そののち景教徒もたくさん来ました。そして日本の皇室をはじめ、民衆の中に溶け込んでいたのです。

だから、ザビエルの話を聞いたとき、彼らのうちにくすぶっていたものが、燃え上がって信仰となりました。

ザビエルが日本にいたときに書き記した手紙を読むと、彼がキリストの受難について日本人に話すと、日本人たちは誰もが涙を流し、深く感動しながら聞き入ったといいます。

夜も昼も、人々は彼のもとにやって来て、話を聞こうとしました。それで、食べたり、十分な睡眠をとるひまもないほどだったと、彼は記しています。それはザビエルだけでなく、他の宣教師たちもそうだったのです。

こんなに福音をすばやく吸収する民族は、ほかにない、とザビエルは書いています。ザビエルは、

「この国はまるで福音の説教をすでに聞いたところのような感がある」

と手紙に書いています。当時の日本人には、まだ過去の古代基督教の記憶が残っていたのです。それが、ザビエルの話で呼び覚まされ、よみがえったのです。

つまり、ザビエルは何か日本人に「新しい教え」を持って来たのではありませんでした。彼は、日本人の中にあったものを呼び覚まし、消えかけていたものを再び燃え上がらせたにすぎなかったのです。

ザビエルが日本人に福音を語り始めてから、数十年経って、日本の各地にはすでに数十万人――ある人の研究によれば約七〇万人のキリシタンがいました。

しかし、これは登録されたキリシタンの数であって、もし登録されていないキリシタンたちも含めれば約三〇〇万人程度はいたであろうと、東大の姉崎正治《あねざきまさはる》教授は見積もりました。当時の日本の総人口は約一四〇〇万人と言われていますから、これは総人口の約二一パーセントに相当します。

そして、続くキリシタン迫害時代に、約一〇〇万人が殉教したと言われています。また一〇〇万人は隠れキリシタンとなりました。残り一〇〇万人は海外に逃れたであろうと言われます。海外に逃れた人々は、たとえばマカオに行きました。

一九九九年末に、マカオが共産主義中国に返還される前、はやくしなければマカオの日本人キリシタン遺跡や遺物がみな失われてしまうと聞いて、私は、それらを確保しに行ったことがあります。

また先日、ある英語の雑誌に、はるか太平洋を越えてスペインにまで渡った驚くべきキリシタンたちの物語が載っていました。彼らは伊達《だて》藩の人々で、仙台から船に乗り、その後日本に帰ることができず、向こうに住み着きました。当時の日本人は、このように地球規模の動きを見せていたのです。

一方、北海道に移住したキリシタンたちも、少なくなかったようです。私は以前、北海道に講演に行った際に調べてみたのですが、そこに移住したキリシタンたちがかなりいたことがわかりました。北海道は、江戸時代までは未開の地でした。

いずれにしても、西暦一六〇〇年頃、日本で一番信者数の多い、また最も熱心に信奉されていた宗教は、基督教だったのです。

キリシタンの町となった京都

ザビエル来日から約五〇年経った一五九六年に、京都で大地震がありました。そのとき多くの人が死に

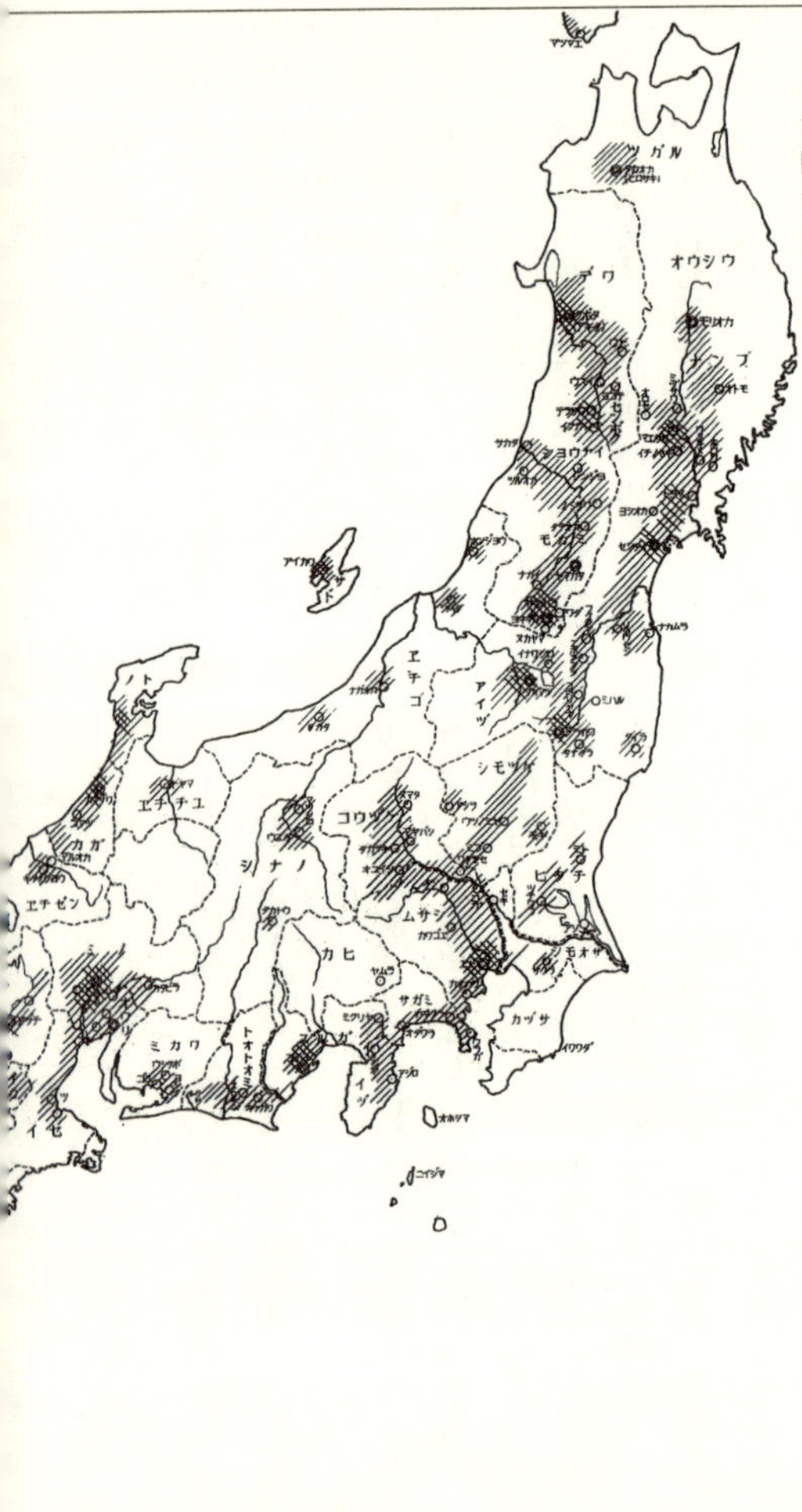

キリシタン信者の分布

1600年頃のキリシタン信者の分布図（斜線部）。姉崎教授はキリシタン関係の地名をもつ村の人口から、約300万人と推計した。

（「全国キリシタン関係地名」姉崎正治教授作成より転載）

ツシマ
イキ
ゴトウ
ナガサキ
アマクサ
ヒゴ
ヒウガ
オウスミ
サツマ
七島
ナガト
イワミ
アキ
イヅモ
ホオキ
ビンゴ
ビッチユ
イナバ
タジマ
ハリマ
タンバ
ドウゴ
イヨ
トサ
アワ
キノクニ
ヤマト
イセ
エチゼン
カガ

ました。家族を失った人々は、仏教の寺に行って、

「お葬式をしてくれませんか」

と頼みました。しかし住職は、

「いいですよ。でもお金を持ってこないとできませんよ」

と言いました。京都の人たちは、

「そんな！　だって、何もないじゃないですか。地震で何もかも失ったというのに、いったいどうすればいいんですか！」

「じゃあ、申し訳ありませんが……」

と断られました。しかし、そののち京都の中に、ある噂《うわさ》が広まったのです。

「あのキリシタンの人たちって、お金なんかなくっても、お葬式をやってくれるんだって！」

普通の人って、難しく宗教のこと考えているわけじゃないのですね。誰かが手際よくやってくれれば、それが別に何教であろうとかまわない。それで、みんなキリシタンのところにやって来ました。

そして葬儀をしてもらったのです。この出来事を通して、またたく間に町中の人々がキリシタンの教えに心を開きました。そして非常に多くの人々がキリシタンになったのです。

どうしてでしょうか。「神様がタダだ」ということがわかったからです。「えーっ、神様ってお金払わなくていいんだ！」「ああ、いいんですよ」

何百年にもわたって厳しい中で毎日生きていた京都の人たちが、こうして「せーの、やーめた」と言って、みんな仏教をやめちゃったのです。そしていつのまにか、お寺がつぶれかかりました。

だって考えてみてください。神様がタダだったら――いちいちお金を出さなくてもよければ、そりゃどっちの神様でもべつにいいじゃない！　というわけで、一気に京都がキリシタンの町みたいになったのですね。

あまりにキリシタンが多くなったので、当時まわりの人々は、そこを「だいうす町」と呼びました。「だいうす」とはデウス、すなわち当時のカトリックの言葉（ラテン語）で「神」です。

その地名は今も京都に残っています。「だいうす町」と呼ばれた場所は当時、京都中に五ヶ所ありました。一番古い「だいうす町」の住所は、京都市下京区若宮通松原上ル菊屋町。その近くには、「だいうす町」の史料を展示している「フランシスコの家」という記念館もあります（京都市下京区岩上通四条下ル佐竹町三八八）。

キリシタンは全国に増え広がった

キリシタンというと、長崎を思い浮かべる人が多いのではないでしょうか。しかしじつは、当時の日本において最もキリシタンが多かったのは、京都とその付近でした。

かつて長崎で十字架につけられたあの「二十六聖人」も、京都とその付近で捕まえられた人々です。二六人中、一七人は、京都の「だいうす町」で捕らえられました。

また有名なキリシタン大名・高山右近（一五五二～一六一五年）が高槻《たかつき》（今の大阪府北東部）の城主だっ

た頃、高槻、京都、安土《あづち》など関西の地に教会堂がつくられました。それらの地は、さながらキリシタンの国となっていたのです。

京都というと、多くの人は仏教を思い浮かべるでしょう。しかし、当時の京都はそうではありませんでした。そこはむしろ基督教の町でした。

キリシタンたちは、かつて日本に来た景教徒たちと同じく、病院をつくったり、診療所をつくったり、学校をつくったりしました。彼らは慈善、福祉、医療、教育等の分野で大きな貢献をしました。

京都だけでなく、彼らは全国に散らばりました。私は以前、姉崎正治教授がつくった一六〇〇年頃の日本のキリシタン地図を見て、非常に驚いたことがあります。

それは大阪の南蛮文化館に展示されていました。地図には、キリシタンが住民の多数を占めるという町がしるされていました。北海道から九州まで、全国各地に、それが無数に点在していました。おもな町々すべてにおいて、キリシタンは非常に多くの人々となっていたのです。

これは、キリシタンの現象は一部のごく限られた地域だけのものだった、というこれまでの観念を払拭《ふっしょく》するものだったのです。

イエズス会の宣教の欠点

しかし、ザビエルによって始まったカトリックの布教活動には、大きな欠点がありました。

かつて、原始基督教徒・秦氏《はたし》や、またアッシリア方面から来た景教徒らは、母国とのつながりを持たず、自活しながら日本までやって来た人々です。母国からの財政援助や、支援は彼らにはありませんでした。むしろ彼らは自由と安住の地を求めて、はるばる日本にやって来たのです。

けれども、カトリック・イエズス会の宣教活動は、そうではありませんでした。ザビエルは、母国ポルトガルの王室からの財政援助、およびアジアにおける布教許可権を得ていました。またその布教活動は、ポルトガルやスペインのアジア植民地政策と密接に連動していました。

彼らのバックには、ヨーロッパの国家があった。もちろんザビエル自身は、ポルトガルを利するために布教活動をしていたわけではありません。純粋に神のため、また人々の魂を救いに導くために活動していた。宣教師たち自身は、信仰的な動機だけで動いていました。

しかし、国家がバックにあったということは、下手をすればその国家の目的のために利用されかねないということです。また日本の人々のなかには、彼らの布教活動を、アジアを支配するための植民地政策の一環と見る人々も出てきてしまう、ということです。

イエズス会の活動は目覚ましく、アジアにおいて一時は成功したかのように見えました。けれども、そののち激しい反対に合い、衰退していきます。それはとくに日本において、そうでした。

イエズス会の宣教は、景教徒たちの宣教とは異なり、非常に狭量な面がありました。イエズス会の人々は、インドや中国で景教徒たちに出会いました。しかし、自分たちの信仰とは少し違うと言って、彼らを「異端」と呼び、景教徒たちに強い迫害を加えました。そしてカトリックへの改宗を迫ったのです。

ここに、西洋の基督教の狭量な面を見ます。西洋の基督教は「異端」に対して厳しかった。これに対し、東洋で宣教をなした景教徒たちの信仰は、もっと寛大なものでした。彼らは土地の様々な宗教の僧侶たちとも、対話をなしたのです。

キリシタン迫害のきっかけ

日本において、キリシタンへの迫害はいかにして始まったのでしょうか。

先に述べたように、ザビエル来日以来、非常に多くの人々がキリシタンになり、教会に通うようになりました。一方、仏教の寺は急速に閑散とした状態となりました。寺の収入は激減し、つぶれかかったのです。お坊さんたちはみな豊臣秀吉のところへ行って、

「大変です、大変です。誰も来なくなっちゃったんですよ」

と惨状を訴えました。

「そりゃ、お前たち普段悪いことをやっているのだから、来なくなったって当然じゃないか」

と秀吉は言いました。彼はお見通しだったのですね。でも、僧侶たちは何とかキリシタンをつぶさなければならないと思って、あれこれ活動しました。彼らは毎日、秀吉のところに通いました。

「太閤《たいこう》様、今回の大地震は、キリシタンが国内に増えたことに仏罰が下ったのです。バテレン（宣教師）は、イスパニア国（スペイン）のスパイです！」

と言って、秀吉に取り入ろうとしました。でも、秀吉は頑《がん》として聞こうとしません。むしろ、

「災害はいつの世にもあるものだ。お前たちこそ、白を黒、黒を白と言う偽り者だ」

と言って僧侶たちを叱りました。秀吉は、バテレンたちを信頼していたのです。

けれどもそこに、キリシタンたちにとって、まことに厄介な問題が起こりました。

それはサン・フェリペ号事件でした。

一五九六年一〇月、スペイン船サン・フェリペ号は、暴風雨にあって土佐の浦戸《うらど》に漂着しました。秀吉は彼らを助けますが、積み荷を調べてみると、武器弾薬があったので、それらをすべて没収しようとします。

船長はそれを見て怒り、「積み荷は一切渡せない」と言って頑として抵抗します。そして彼らは、アジアの地図を広げ、そこで大言壮語を吐いたのです。

「アジアのほとんどは我々が征服したのだ。日本のような小さな島国は、いざとなれば簡単に征服できる！　まず宣教師を送って、住民の心をなびかせ、次に軍隊を送ってその国を征服するのだ」

そう脅したのです。もちろん、基督教は本来、国家征服とは何の関係もありません。しかしこのスペイン人たちは、そう言って日本人を脅しました。この不用意な発言は、秀吉を怒らせたのです。

秀吉はかつて、一時は、

「わしはキリシタンになってもいいと思っている」

とまで言った人でした。けれどもこの事件を契機として、彼の側近たちのキリシタン反対の声が一挙に高まります。ほかにも幾つかのことがありますが、そうやってついに秀吉は、キリシタン禁制に出るのです。

もし、イエズス会の活動のバックにヨーロッパの国家が見え隠れしなかったならば、つまり彼らが植民地政策と完全に手を切っていたならば、たとえこのような事件が起きても、誤解を解くことができたようにも思えます。しかし、彼らは誤解を払拭できなかった。

イエズス会だけではありません。カトリック、プロテスタントを問わず、近世の欧米諸国による基督教宣教活動の背後には、たいてい母国からの援助がありました。

そのために、それはしばしば欧米の植民地政策と連動しているように、アジアの人に受け取られたのです。「外国の宗教」というイメージを与え続けてしまった。

こうしたことを思うとき、原始基督教徒、また景教徒たちの宣教活動というものを深く考えてみる価値があると、思います。彼らは自活して、行く先々でその地の人々の中に溶け込みました。

日本も、かつては彼らを受け入れていました。日本は様々な民族、文化、宗教、発想を受容し、それによって新しい文化を創造してきたところです。だからこそ、他国による一方的な支配のにおいが感じられることには、過敏なほどに反応し、拒否するのだと思います。

小さな世界に閉じこもった日本

いずれにしても、こうして秀吉によるキリシタン禁止令が出され、それはやがて徳川時代にも引き継がれました。

一つの誤解が、日本の門戸《もんこ》を閉ざしました。かつて様々な民族、文化、宗教、発想を受容し、そこから新しい文化・文明をつくり出していたあの古き良き日本は、一転して抑圧と、しめつけと、迫害の国となりました。

信仰の自由も、人権も、外国との豊かな交流も、なくなりました。専制政治が取って代わりました。日本は自分の小さな世界に閉じこもったのです。

そのキリシタン迫害時代において、最初に捕まった二六人がいました（二十六聖人の殉教）。私は彼らのことを学んで、本当に自分が変わりました。

その中に一人の子どもがいたのです。じつは二六人の中に、今で言えば小・中学生くらいの子どもが三人もいました。京都で捕まって、そこから岡山を通り、九州に入って長崎まで引っ張られてきました。約三ヶ月かかりました。最後に、長崎の山の上にたどりついた。その山の上に十字架が二六本立てられました。

一休みして、ついに処刑が始まろうというとき、その場にいた一人の役人が、もう我慢できなくなって、その二六人の一人――まだ一二歳だったイバラキ君（ルドビコ茨木）のところへ行って、言いました。

「君、もういいじゃないか。頼むよ、俺がきちっと見てあげるから、お前まで死ぬことはないんだ。今は手もとに踏み絵がないから、僕がこの砂のところに踏み絵を描いてあげる。お前は、ただそれを踏めばいいんだよ」

たぶん、その役人はつらかったのだと思います。いくら思想が間違ってるとか、考えがおかしいといっても、まだたった一二歳の子どもじゃないですか。

子どもまで殺すなんて、世の中狂ったんじゃないのか。でも、お金もない、地位もない、なにもない、ただイエス様が大好きだという一二歳のイバラキ君は、どう答えたでしょうか。

「おじさん、僕そんなことしたら天国行けなくなっちゃうんですよ」

「はあ？　お、お前、そんなこと言わなくてもいいから、いいから」

次に、イバラキ君が言った一言を、私は一生忘れません。

「おじさん、一つ聞いていいですか」

「ああ、いいよ」

「おじさん、僕の十字架、どっちですか？」

役人はびっくりしました。

「お前、何てこと言うんだよ」

「おじさん、僕のはどっちなんですか」

「いやあ、たしか、あそこの〇番目のちっちゃいやつだと思うけど」

「おじさん、ありがとうございます」

彼はささっと上まで走っていって、自分が――そうです、今から自分が死んでいくその十字架の前に来ました。

どうでしょう――一二歳の子どもだったら、何が一番好きなオモチャでしょうか。何が一番大好きなものでしょうか。イバラキ君はその十字架の前に来ると、そこに跪《ひざまず》いて、自分がかかろうとしている十字架を抱きしめたのです……。

二十六聖人殉教記念碑（長崎市）。彼らの中には子どもが3人もいた。

これは当時の日本では、有名になった話です。ぎゅうっと抱いて、数分経つと後ろから役人たちが来て、彼を十字架にかけました。イバラキ君は十字架上で、他の十字架のキリシタンたちに、

「大丈夫だよ！　僕らはもうすぐ天国へ行けるんだから」

と叫びました。子どもが大人たちを励ました。そうやって数分後には死んでいきました。

「僕の十字架、どっちなんですか？」

誰に言われてでもない。ただ好きでイエス様のために死んでいったキリシタンたちの姿が、そこにあります。植民地政策とは何の関係もない、純粋で信仰的な人々の姿がそこにあります。

彼らには、命をかけても持ち続けたい、と思うものがあったのです。

どうでしょうか。私たちにはそういうものがあるでしょうか。今日、私たちはそれを失っているのではないか。キリシタンに限らず、日本人には昔、た

いていの人に、そういう命をかけても持ち続けたいと思うものがあったように思います。それが日本人の原点、ルーツです。

天草四郎の反乱は一揆だったか

その後、キリシタン迫害の状況はさらに厳しくなっていきました。やがて、一六三七年にまた同じようなことが起こりました。

たぶん皆さんも歴史の本では知っていると思いますが、私は九州の天草に行っているときに、普段私たちが聞いてきたものとはまったく違う話を聞かされました。

島原の乱、そして天草四郎《あまくさしろう》の「原城《はらじょう》」（長崎県南有馬町）のあの出来事――「あれはキリシタンたちが武器をとって立ち上がった一揆《いっき》でしょ、単なる反乱でしょ、暴動でしょ」――私たちはそう聞かされてきました。しかし、全然違ってました。

天草四郎は九歳で手習いを始め、長崎の、今で言う神学校にも行っていました。そしてきちっと勉強して、伝道師になってやがて一五歳のときに、故郷に帰ってきました。

でも、彼が留守をしている間に、キリシタンたちに対する迫害はずいぶんと厳しくなっていたのです。ほとんどの人たちが、すでに踏み絵を踏んでいました。

四郎は、自分の町を歩いていると、何かどうも雰囲気が違うのに気づきます。みんな何故か、しょぼんとしているのです。

「どうしたの、みんな、どうしたの?」

「いや、四郎、じつはお前がいない間、いろいろと大変だったんだよ……」

「なんだよ。ま、まさか、踏んだんじゃないだろう?」

「いや、だって、しょうがなかったんだよ」

「なに言ってるんだよ!」

次から次へ、四郎が回って行くのです。

「おじさん!　あんたたちもやっちゃったんですか」

「四郎、じつは本当に大変だったんだよ」

彼は急に息づいて、家から家へ行きます。「いったいどうしたんだ!　私たちはイエス様が大好きなんでしょ。踏んだりしちゃっていったいどうするんだよ」

四郎がよく聞いてみると、その大変な事情というのがわかってきました。じつはその地域の大名が、とんでもない悪人だったのです。

めちゃくちゃな税を取る。また村の女の子が一三歳になると、その女の子を取り上げていたのです。大名は、島原の女の人たちを日本中へ、また海外に売りさばいていました。

多くの人たちが、そうやって娘を取られていました。それを聞いて四郎は言いました。

「お父さん、自分の娘が連れて行かれてもかまわないと言うの?　いったい何を考えているの。そんなことされるんだったら、僕たちはもともと天国に行こうとしているのだから、天国に行けばいいじゃないか！　娘を取られるのに比べたら、天国に行くほうがずっといいじゃないか！」

「そうだ！　四郎の言う通りだ」

次から次へと、町の人たちがそう言い始めました。当時の人々にとっては、生も死も違いはなかったのです。いや、生きることは死ぬこと以上に辛いことだった。

やがて、役人がそのお父さんのところにやって来て、「娘をよこせ」と言いました。お父さんはまっすぐに立って、涙を流しながら、

「だめです。渡しません」

と言う。

「なにっ、もう一回言ってみろ！」

「いや、娘は渡しません！」

村の人たちは、そうやって誰一人、娘を渡そうとしなかったのです。

悪大名の要求を拒絶して壮絶死

その町の人々は全員殺されました。

しかしこの事件は、すでに棄教《ききょう》していた他の町のキリシタンたちに、再び「立ち帰り」をもたらしました。これをきっかけとして、再びみんなが集まって、四〇年前につぶされた教会を作り直したのです。

信仰が燃え始めました。あの当時の一言――「立ち帰り！」

以前私は、天草の元町長さんとお話しする機会がありました。町長さんは、今から三六〇年前の天草のあの原城のことを、話してくれました。

彼は、そこで昔起こった出来事を語ってる最中に、次から次へと「立ち帰り」という言葉を使うのです。「彼らのテーマは立ち帰りだったんだよ」と。

天草のその元町長さんは、クリスチャンではありません。ただ、その時代のことに興味があって勉強しているという方です。でも、お話を聞きながら、その「立ち帰り」という言葉が強烈に私の心の中に残りました。

今私はこの本を書いていますけれども、そのテーマは「ルーツ」です。ルーツを見いだして、それに「立ち帰る」ことをテーマとして書いています。国のルーツ、また個人のルーツ――それに立ち帰ることによって、本来の道が開けてくるのだと。

興味深いのは、当時のキリシタンの人たちにとっても、自分のルーツ、信仰の原点に立ち帰ることが、彼らを勇敢な者として、しっかり立たせたということです。

台風が襲い、地震があり、飢饉《ききん》に苦しみ、様々な天変地異が起きた。また悪い大名にも出会ってしまって、めちゃくちゃな税金をかけられる。娘は取られる。こんなに苦しむようになってしまったのは、自分たちがキリストの教えを捨てたからじゃないのか。

そう思って、彼らはキリシタンとして立ち帰った。この立ち帰りが彼らを、たとえ迫害があっても恐れない大胆な者となしました。

そののち、キリシタンたちは追いつめられて、原城という城にたてこもりました。中にたてこもった三万七〇〇〇人は、ほとんどが女性と子どもたちでした。

じつは、天草のその元・町長さんから、原城のいろんなものを見せていただきました。キリシタンたちは原城の中から、弓でメッセージを一日中出していたんですね（矢文『耶蘇天誅記』）。今で言うトラクト（基督教の短い話を書いた小冊子）を配っていた。それを読むと本当に涙が出ます。

「冒頭の句は、『天地《てんち》同根《どうこん》万物《ばんぶつ》一体《いったい》、一切《いっさい》衆生《しゆじよう》不撰貴賤《きせんをえらばず》』という言葉から始まっているのですよ。天の下では農民も、兵隊も、大名もみな平等なんだ、という思想から始まっている」

と元町長さんは言いました。そしてそれはこんな内容でした。

「勘違いしないでください。私たちは体制に対して反抗しているのではありません。大名に対して年貢を納めることもいいのです。でも、一つだけ妥協できないところがあります。

それはイエス様を裏切ること、それだけはできません。娘を渡すことはできません。また、私たちに祈ることさえさせてくれないのなら、天国へ行く方がよっぽど嬉しいのです……」

ですから、元町長さんはそれを「島原の乱」とは呼ばずに、「島原の戦い」とか「正義の戦い」「島原の殉教」と言っていました。彼らは「信教の自由」「自由な信仰」を求めて、自らの信じる教えに殉じたのです。それは「乱」ではなくて、殉教だった。

この前、私はその原城の跡地に行ってみました。そこから武器なんて出てこないそうです。しかし十字架だけはたくさん出てきた。

あのとき殉教していった人々は、いまだに墓もないまま、原城跡の下にいます。彼らは無名の者として散っていったかもしれないけれども、神には深く覚えられ、今は神の安息の中にある。

草ぼうぼうの場所です。しかしその場所にたたずんだとき、私はルーツへの「立ち帰り」ということを深く思わされました。彼らはルーツに帰った人々だった。

人間は、単に長く生きれば幸福なのではありません。彼らは迫害によって生涯を閉じましたが、ある意味では誰よりも幸福だったのではないか。彼らの霊は永遠に生きていると感じます。

島原には「天草四郎記念館」があって、そこでは天草四郎のビデオが流れています。その中で四郎を演じている役者に、こんなセリフを言わせています。

「われわれは自由と平等のために身を犠牲にしたが、今、あなたは本当の自由と平等の中にいると言えますか。そうでなければ、私たちはまだ戦いの中にいます」

茶道の起源はキリシタン

キリシタン禁制の時代、殺されず、生き延びて「隠れキリシタン」になった人々も大勢いました。彼らは様々な方法で生き残りました。

日本には「茶道」という伝統があります。茶道はどうして日本の伝統になったのでしょうか。

茶室の入り口は本当に狭くできています。それはキリシタン迫害時代に、茶室はキリシタンたちのひそかな「聖餐式《せいさんしき》」（基督教で信者が聖なるパンとブドウ酒を受ける儀式）の場だったからだと、茶道の研究家たちが述べています。

「利休《りきゅう》七哲」に数えられ、茶道をきわめた高山右近なども、キリシタン大名でした。キリシタンには茶道に通じた人が多かったのです。茶道におけるお茶菓子はキリストの御体《みからだ》を、お茶はキリストの御血《おんち》を表していました。

キリシタンたちはそうやって、ひそかに聖餐式を行なっていました。また、小窓から見える庭の「キリシタン灯籠《とうろう》」(ふつうの灯籠のように見せかけて、下部に草に隠れたキリスト像等がある)に向かって、礼拝をしていたのです。

私は以前、京都の裏千家《うらせんけ》の本部に行って、これについて尋ねてみたことがあります。いつものことですけれども、こういうとき、私はわざと否定形で尋ねます。

「じつは以前、とんでもないことを聞いたのですが、茶道というのは昔、キリシタンの聖餐式だったというのです。まさか、そういうことはないですよね」

すると、受付の人が一瞬困ったような顔をして、「少々、お待ちください」と言って、奥へ入ってしまいました。しばらくして出てきて、彼女は、

「裏千家としては、そうは思っておりません。でも、家元がそう思っていらっしゃることは、事実です」

と言ったのです。また、のちほど裏千家の資料室から取り寄せた資料に、

「裏千家十一世玄々斎宗室は、(秦氏がつくった京都・太秦の)木島《このしま》神社(蚕の社)の三柱鳥居《みはしらとりい》にちなんだ『三つ鳥居蓋置《ふたおき》』を好んでおり……」

と記されていたことも、興味深いことでした。さらに、英語で書かれた裏千家発行の茶道の説明に、第

一五代家元、千宗室《せんそうしつ》氏が次のように書いていました。

「茶道は禅と結びつけられて言われることが多いのですが……じつは茶道は、禅とか仏教の影響だけを受けているのではないのです。じつは西暦一五〇〇年代に『茶道』として成立した茶の湯は、基督教（カトリック）の影響も受けているのです」

千宗室氏はまた、茶室の入口近くにある「蹲踞《つくばい》」（手と口を洗う手水鉢《ちょうずばち》）についても述べています。これは禊《みそ》ぎ、清めのためで、基督教会にある聖水と同じだと。

また、茶室の入口は本当に小さいです。どんな人も深くかがまなければ、決して入れません。武士も、刀をさしたままでは中に入れません。これは、武器を捨て、また頭を深くかがめる、へりくだった態度を教えるためであるといいます。聖書には、イエスの言葉として、

「狭い門から入りなさい。滅びに至る門は大きく、その道は広いからです。そして、そこからはいって行く者が多いのです。いのちに至る門は小さく、その道は狭く、それを見いだす者はまれです」（マタイの福音書七・一三〜一四）

と記されていますが、これについて千氏はこう述べます。

「イエスの『狭き門』の言葉と、茶室の狭き入り口は、同じ教えを語っていると私は考えているのです」

私はまた以前、長崎県の五島列島《ごとうれっとう》に行って、隠れキリシタンたちの間で行なわれ、今もキリシタンの間で行なわれているという聖餐式を、見たことがあります。その聖餐式では、魚と日本酒を用いるのですね。単なる食事のように見せかける。たとえ誰かが踏み込んできても、単なる食事をしているように見せかけていたのです。

茶道というのも、じつはそうでした。たとえ誰かが踏み込んできても、「お茶をしています」と言えるものにしていたのですね。

一方、キリシタン灯籠について、どうも気になるのが桂離宮《かつらりきゅう》（京都市）です。これは皇族の別荘建築と庭園ですが、私がそこを見学したとき、キリシタン織部《おりべ》灯籠があるではありませんか。

マリヤ像が下の方に刻まれていて、大半は地中に隠れていますけれども、少しだけ地面の上に見えている。パンフレットにも、ちゃんと「キリシタン織部灯籠」と書いてありました。それで驚いて、警備員に聞いたのです。彼は、

「いや、庭園には全部で七つありますよ」

と言う。また、おそらく三八〇年前の創建当初からあったらしいという。ますます驚いて、

「そ、それは天皇家にキリシタンがいたということですか」

と思わず聞きました。ところが〝い、いや、まあ抑えて抑えて〟という感じで、きちんと答えてくれない。〝私の口から言わせないでください〟という感じでした。

これはいったいどういうことなのでしょうか。

全国各地にいた隠れキリシタン

キリシタン時代のものと思われるものに、もう一つ興味深いものとして、「石麵《せきめん》」の話があります。当

茶道の起源は、キリシタンがひそかに行なっていた聖餐式であった。

皇族の別荘である桂離宮に、なぜ「キリシタン織部灯籠」が昔からあるのか。

時の敦賀路《つるがじ》（福井県）に、旧約聖書のマナの話そっくりのものが、伝わっていたのです。

江戸時代中期、木内石亭《きうちせきてい》（一七二四〜一八〇八年）という、様々な石をこよなく愛した人がいました。彼は珍石奇石を求めては全国を旅して、石に関するあらゆる伝説および文献などを集めました。

彼の書き残した書物に、「石麺」と題する記事があり、現代語に訳すと次のようになります。

「むかし加賀国《かがのくに》（石川県）に大きな飢饉《ききん》があった。百姓は憂い嘆き、神社に集まって命乞いをした。すると、にわかに空が曇り、白い石を降らした。これを拾って食べると、甘く、非常に味わいがあった。これにより命を保った者は、幾千人とあった。今なお、しばしばこの石が降る。やわらかく、白く、蜜のようであった。多く降るときは、今年は田畑は凶作だと思って倹約をなした。降らない年は、今年は豊作だと思って民は大いに喜んだ」（「雲根志前編巻之一霊異類」『木内石亭全集』巻3）

この話はまさに、かつてイスラエルの民が荒野で飢えたとき、神は天から「マナ」と呼ばれる、白くて甘い、おいしいものを降らせたという、聖書に記された話にあまりによく似ています（出エジプト記一六・一〜三六）。

木内はおそらく、この言い伝えを旅先で得たのでしょう。いずれにしても、江戸時代、あるいはそれ以前から流布《るふ》していたこの言い伝えは、聖書の物語を借用して生まれたものであると言って、ほぼ間違いないと思われます。

これは必ずしも、加賀国でこの「白い石」（石麺）が本当に降った、ということではありません。このような言い伝えが生まれた背景には、当時、聖書を知る人々がかなりいたのではないか、ということなのです。

隠れキリシタンは、全国各地にかなりいました。

江戸時代に、中江藤樹《なかえとうじゅ》（一六〇八～四八年）という人がいました。世間一般には、「儒学者」ということで知られています。彼は大変徳の高い人で、「近江聖人《おうみせいじん》」と人々に呼ばれ、死後も数々の逸話《いつわ》が語られました。この中江藤樹について、桜美林《おうびりん》大学の学長・清水安三《しみずやすぞう》博士は、

「彼は隠れキリシタンであった」

と書いています（清水安三著『中江藤樹』）。

さらに、松尾芭蕉《まつおばしょう》といえば、江戸時代の俳句の名人として有名で、誰もが知っていることでしょう。彼の代表作『奥の細道』は、今も読み継がれています。川尻徹《かわじりとおる》氏は、

「松尾芭蕉は隠れキリシタンだった」

と、自著の中で述べています（川尻徹著『芭蕉隠れキリシタンの暗号』徳間書店刊）。

隠れキリシタンは、私たちの知っている以上に、多くいたようです。

キリシタンは絶えたか

キリシタン禁制の時代は、約二五〇年もの間続きました。

世界でまれにみる大虐殺が続いた日本。その日本で、キリシタンたちはもう一人もいなくなってしまったのでしょうか。当時、世界の人々も、日本については諦《あきら》めていました。

でも、ようやくそのキリシタン禁制が解かれるときがやって来ました。そして、海外のクリスチャンたちが再び日本に戻ってきた。

もちろん、日本にはもう教会もないし、クリスチャンもいなくなってしまった。でも、もしかしたら、どこかにクリスチャン的な精神が残っているかもしれない――そう思って、フランスから来た調査団が、教会の跡地に行ったりしてみました。

わざと馬から落ちたり、わざとケガをしたりして、誰か助けてくれないかと思ったけれども、誰も助けてくれない。キリシタンたちを潰《つぶ》したこの日本は、つらい、暗い、怖いところだとしか思えなくなっていました。もう諦めて、報告書に、

「日本にはやはり、もう一人もクリスチャンはいなくなってしまいました。教会もすべてなくなっていました」

と書いて、自分の国に戻ろうと思い始めました。

国に戻ることになった前日、彼らは教会の跡地に、みんなで立っていました。すると、一人のおばあさんがこちらに歩いてくるのです。

いくつかの説がありますので、気をつけて述べる必要があると思いますが、まわりには警官も――今で言えば公安ですね――普段着の警官たちもいました。外国人と話すだけで逮捕されるという時代でした。そこに、おばあさんが一人、通りかかった。

通り過ぎようとするとき、まっすぐ前を見ながら、目と目を合わさず、また周囲に気づかれないように小声で、

「あなたがたの心は私たちの心と一緒ですか」

と言ったのです。メンバーたちは、いきなりのことで何の意味かわかりませんでした。

おばあさんは去っていきました。そのとき、チームのリーダーはそこにいませんでした。そして二～三時間たってリーダーが戻ってくると、みんなが、

「一人のおばあちゃんが、初めて私たちに声をかけてくれました」

と報告しました。

「いったい何て言ったのだ?」

「それが、不思議なことを言っていました。『あなたがたの心は私たちの心と一緒ですか』って。いったいどういう意味ですか」

すると、チーム・リーダーはびっくりして、

「そ、そんなはずはない。絶対にない。だって日本はもう二五〇年も時が過ぎてるのだ。私たちだって調べたじゃないか。もう教会もないし、キリシタンは一人もいないはずだ。こんなに長くて、ひどい迫害を受けてきたんだ。誰一人生き残るはずがない」

「い、いったいどういう意味なんですか?」

「それはキリシタン同士の合い言葉だよ!」

「ま、まさか」

それでも彼らはまだ信じられなかったので、もう一日だけ残ることにしました。

翌日、ちょうどお昼頃、あるおじいさんが一人歩いてきました。

おじいさんは、やはり彼らの近くに来て通り過ぎようとするとき、まっすぐ前を向きながら、まわりに気づかれないように小声で、

「あなたたちの心は私たちの心と一緒ですか」

と言ったのです。彼らはもう大喜びで、

「もちろんそうですよ！　私たちもそうですよ！」

おじいさんは「やあ」と言って、スーッと、いなくなってしまいました。しかし、数十分経つと一〇〇人、一時間経ったら五〇〇人、夕方になると約三〇〇〇人もの人たちが、その教会の跡地に集まってきたのです。みな泣きながら。

「私たちは、踏んでいません。いろんなことされたけれど、誰も踏みませんでした！」

これは当時、世界中に伝えられた大ニュースでした。世界中で最もひどい迫害を経ながら、日本のキリシタンたちは生き残ったと、伝えられたのです。

こうして日本の「自由」は生き残りました。渡来人の時代から伝わってきた自由、平等、人権は、あぶなかったけれども、また、か細《ぼそ》いものになってはいたけれども、生き残った——私はそう思います。

遺伝子は反応する

先日、私はアメリカでテレビに出演しました。そのとき、インタビューアーの態度がどうも、

〝日本っていうのはとんでもない国ですよね。日本っていうのは信仰も何もない国ですよね〟

という感じだったのです。はっきり口には出しませんでしたけれども、そういう感じでした。それで私は彼に言いました。

「一六二〇年にあなたの国ができた頃、日本がどういう国だったか、あなたは知っていますか。世界中で最もひどくて、長くて残酷だったそのキリシタン大虐殺のまっただ中だったんですよ。それを逆にして考えてみてください。信仰が最も頑固で、何がどうされても妥協しなかった人々が日本人なんです」

キリシタンを迫害したのも日本ですけれども、世界中で最も素晴らしい信仰を見せたのも、日本人でした。日本人には、そういうルーツがある。

この前、私が新幹線に乗っていたときのことです。隣に、一人のおじいさんが座っていました。お互いにいろいろ話したのですが、

「どこから来たんですか」

と聞くと、九州・長崎の生月島《いきつきしま》から来たという。私も少しは勉強していましたから、彼が生まれ育ったその地域がどういうところかわかりました。それで、

「おじいちゃん、あなたの先祖はみんなキリシタンだったんですよ」

と言いました。すると彼は大きなショックを受けたようでした。子どものときから言われたいろんなこと、いろいろ受けたいじめ、そうした記憶が次から次へと彼の脳裏に戻ってきた。

「ああ、そうだったんですか――」

その次に出てきた一言、

「やっぱりそうだったんだな！」

涙をぼろぼろ流しました。

別れるときは私の手をとって、「教えてくれてありがとう！」と頭を深々と下げてくれました。彼はなぜ感動したのでしょうか。それは先祖を知ったとき、自分の人生がわかったからだと思います。先祖の思い、先祖の心持ちがよみがえるのです。

以前、東京のアメリカン・クラブで、「景教およびキリシタンの展示会」を開いたときのことでした。そこに、日本の実業界で活躍しておられるある方が来てくれました。彼は展示されていた踏み絵を見ながら、深く心を動かされたようでした。

「なぜかはわかりませんけれど、不思議に感動してしまったのです」

と彼は言いました。私は言いました。

「それはきっと、あなたの先祖がキリシタンだったからですよ。あなたの姓である益田《ますだ》は、キリシタンの姓です。天草四郎も、本名は益田といいました。あなたは踏み絵を見ながら、そこに自分の先祖を感じ取ったのだと思います。先祖は今も体の中に、血として、また遺伝子として残っている。だから、こういうものを見ると、ビビッと感じるんですよ」

彼は、益田がキリシタンの姓だとは知らなかったようでした。そういうものかなあ、という感じで、彼が秘書に聞くと、秘書は「ええ、そうですよ」と言ったのです。

彼は私たちの前で涙を流しました。自分の先祖の苦労を経て、今の自分があります。先祖の苦労を思えば、今の自分の苦労など何でしょう。

これが遺伝子というものだと思います。遺伝子が反応する。時を超え、空間を超えて、先祖が思いの中によみがえるのです。展示会の後、「東洋の十字架館」という博物館をつくり、キリシタンの遺品は引きつづき展示しています。

私はスポーツクラブに毎週通っています。初めてそこに行ったとき、なんだか不思議に、なつかしい気がしたことを覚えています。すると父が、

「小さい頃、私がお前をここに連れて来て、遊ばせたんだよ」

と言いました。

「なんだ、そうだったの」

自分ではすっかり忘れていたのですけれども、体の中にそういうものが残っているのですね。

先祖についても同じです。自分には先祖の知識がない、というときでも、体の中に先祖の性質が残っている。だから、何かきっかけがあると、それが呼び覚まされるのです。

ご出身はどちらですか?

こんなこともありました。

私が京都でタクシーに乗ったとき、タクシーの運転手さんが私に、

「ご出身はどちらですか?」

と聞いてきたのです。この日本語をしゃべる外国人はいったいどこの国から来たのか、それを知りたいと思ったのでしょう。「ほお、来たな」と思いました。こういうとき、私はちょっと意地悪な心が出てきます。

「そうですね。おじさんは出身はどこ？　それを教えてくれたら、僕も答えますよ」

と聞き返すのです。運転手さんは、○○県出身だと答えました。

「いや、○○県の前ですよ。ご先祖はどちらから？」

「先祖？　いや、それはわかりませんよ」

「なーんだ、自分の先祖がどこから来たということすら、あなた知らないんですか」

「えーっ、弱ったなあ。そんなこと言ったって、知りませんよ」

「では僕も、自分の先祖がどこから来たか知らない人には、言えません」

と言って、いったん突き放しました。

「おじさん、世界のどこに行ったって、自分の先祖がどこから来たか、みんな知っていますよ。知らないのは日本人くらいです」

こういうとき、不思議ですね――なにかマインド・コントロールというか、あるいは目をくらましていた覆いというか、そういうものが取り払われるのです。〝ルーツを知らなかった自分〟というものに、初めて気づく。

おじさんは、「そういうものかなあ」という顔をしていました。

彼と話してみると、どうもその姓名からいって、秦氏の子孫と思われました。秦氏は、姓をいろいろ変えていますけれども、その子孫はたくさんいるのです。それで私は言いました。

「あなたの先祖って、すごいのですよ。今から一八〇〇年前または一六〇〇年くらい前に、はるばる中央アジアのカザフスタンや、キルギスタン、またはウズベキスタン、トルクメニスタンあたりから、日本にやって来たんです。高度な文明を持って日本にやって来て、日本をリードして、この京都の町もそうやって一緒につくりあげたのです」

「ト、トルコメスタン？」

「いや、トルクメニスタン。あなたの先祖は秦氏といって、日本に来た有名な渡来人集団なんです。古代の日本に二万人もの大集団でやって来た。あの羽田《はた》元総理も、秦氏の出身ですよ。彼の実家には、秦氏の系図があります。羽田というのは、もとは秦《はた》です。秦氏は、皇室とも深いつながりがあります。また、日本の歴史に深く深くかかわっているのですよ」

「ええっ、そんなにすごいんですか？」

「そうですよ！」というわけで、話がはずみました。私がタクシーを降りるときには、運転手さんもタクシーを降りて、私のドアの側にまでわざわざ回ってきて、

「いやー、勉強になりました」

と言って握手を求めてくれたのです。そして子どもたちを呼びとめて、

「ねえ、地図はないか。キリギリスタンとか、トルコメスタンとかいう国はどこだ！」

と言っていました。

今は寺や神社になっている教会の跡地

私は定期的に、希望者たちと、景教の遺跡巡りや、キリシタン遺跡巡りをしています。東京でもしていますが、東京にもキリシタン遺跡があちこちに、たくさんあります。そのほか、日本各地に遺跡があります。

あるところでは、昔キリシタンによって建てられた病院が、今は神社になっています。あるところでは、昔キリシタンの教会であったところが、今は寺や神社になっています。

つまり、今は寺や神社になっているけれども、昔そこはキリシタンの教会であったというところが、じつは日本国中いたるところにあるのです。たとえば長崎の枯松神社、桑姫神社などは昔、隠れキリシタンの教会でした。

岩手県水沢市に「クルスバ墓地」（クルスとはクロス＝十字架）と呼ばれるキリシタンたちの墓地があります。そこは今はお寺が管理しています。私がそこへ行ってみると、昔死んだキリシタンたちが無名のまま葬られ、「無縁仏《むえんぼとけ》」となっていました。そこで会った年寄りの方に聞いてみたのですが、そこには昔、キリシタンの教会と教会墓地があったらしいとのことでした。

青森県弘前《ひろさき》市にある大円寺にも、そのうしろに十字架のついた古い墓がありました。お坊さんに聞いてみたところ、そこはやはり昔はキリシタンの教会だったとのことでした。

京都の北野天満宮《きたのてんまんぐう》には、境内にキリシタン灯籠があります。神社にキリシタン灯籠があるわけです。

名古屋にはまた、栄国寺《えいこくじ》という寺があります。そこは昔、じつはキリシタンの刑場でした。栄国寺はその刑場跡に建てられたものです。今も境内には「千人塚」や「キリシタン灯籠」、キリシタン遺跡博物館などがあります。お坊さんに聞いてみると、そこは昔、単にキリシタンの刑場だっただけでなく、その前はキリシタンの教会があったとのことでした。

そのほか、昔はキリシタンの教会で、今は寺になっているという例が全国にたくさんあります。たとえば昔、天草には、キリシタンの教会が五一ヶ所ありました。しかし今は寺が五二ヶ所です。

世界のどこでもそうですけれども、人間には〝聖なる場所〟という観念があります。聖なる場所は、宗教が替わっても聖なる場所とされる。

たとえばエルサレムの「神殿の丘」(テンプル・マウント)は、今はイスラム教のドームが建っていますけれども、昔そこにはユダヤ教の神殿がありました。ユダヤ教の神殿が今はイスラム教になったかもしれませんが、聖なる場所は聖なる場所とされているのです。

同じようなことが、日本でも起きているように思えます。日本の各地を見てみると、寺や神社が多いです。でも、その大半は昔、古代基督教の教会だったのではないか。私は寺や神社を見ると、

「ああ、昔はここもキリシタンの教会だったのじゃないか」

と思います。あの京都の広隆寺も、今は仏教の寺になっているけれども、昔は古代基督教の教会だったのです。

一方、過去にそこが教会だったかどうかはわからないけれども、キリシタンとの深いつながりを思わせ

鎌倉の光照寺。十字架とわからないように卍のマークとミックスした十字架がついた「切支丹くるす門」、および、「キリシタン燭台」などがある。

る寺もあります。

神奈川県鎌倉市の光照寺《こうしょうじ》の正門は、「くるす門」と呼ばれるキリシタンの門です。その門の上部には、十字架とわからないように卍と組み合わせたマークがついています。これは昔、キリシタンがその寺に寄贈したもの、と説明されていますが、寺の中にはまた、昔の「キリシタン燭台」なども保管されています。

全国にはまた、昔キリシタンたちを殺した刑場であったために、そこを寺や神社にしたという例も数多くあります。祟りを恐れてのことでしょう。先ほど述べた名古屋の栄国寺なども、キリシタン刑場跡に、霊を鎮《しず》めるために建てた寺です。

もちろん、キリシタンたちの霊は死後に、祟ったりしません。「怨霊《おんりょう》」となったりはしない。彼らはすでに天国の安息の中に入っていますから。また彼らは、自分たちを殺す人々をも憎まずに、神とその教えを愛して殉教していった人々なのです。

しかし人々は、たくさんのキリシタンたちを殺したので、自分たちのそうした行為それ自体が怖いのでしょう。それで祟りを恐れ、死者の慰霊のために刑場跡を寺にしたりしている。法隆寺が、聖徳太子一族の怨霊を鎮めるための寺になっているのと、同じです。

一方、立派なお坊さんたちが、善意でキリシタンのお墓をつくってくれた例もあります。お坊さんたちの中には、厳しい迫害の中で死んでいったキリシタンに同情を示してくれる人々もいました。そして、

「この寺にお墓をつくってあげるから心配しなさんな。お前さんたちの間だけでわかるような特別なしるしをつけたお墓をつくってあげるから」

と。そういう立派なお坊さんたちもいました。

ルーツを見失った民族に未来はない

キリシタン迫害の時代は、日本の歴史において、自由と文化の発展が逆戻りした時代でした。さらにあの時代、日本における基督教文書や、基督教関係のものはみな、焼かれたり、破壊されたりしました。景教関係のもの、秦氏関係のものも、処分され、捨てられました。それに付随して、日本の過去の歴史の記憶までも、その多くが闇に葬られたのです。

すなわちあの時代の日本は、キリシタンを殺しただけではありません。日本人は、自分たちの過去の遺産をも葬ってしまったと思います。もしこの先、日本が本当に偉大な国になることを目指すのであれば、

こうした過ちを繰り返さないことが大切だと思います。

鎖国前の日本は広い国でした。キリシタン迫害前の日本は、大きな国でした。かつて日本が様々の民族、文化、宗教を受容し、包んでいたとき、日本は世界に輝いていたのです。

日本はかつて「黄金の国」と呼ばれていました。それは単に、金が豊富にあるという意味だけではないと思います。日本は世界に輝いていたのです。そのような日本が、この先、未来においても現われ出ることを願うものです。

以前、国連の高等弁務官、緒方貞子《おがたさだこ》さんとお話ししたことがあります。彼女は、日本人の多くが自分たちは「単一民族」だと思っていることについて、笑っておられました。日本が単一民族だなんて、日本人がいまだに抱いている幻想にすぎないと。

日本人は多民族国家でした。それが日本人のルーツです。日本人はみな、もともと多民族の渡来人だった。

日本人の活力と繁栄はそこにありました。それが単一になってしまうと、日本の発展はむしろ終わってしまうのです。どこを切っても金太郎飴《あめ》になってしまえば、発展はない。

多様性を包み込み、それを止揚《しよう》させるところに、発展があります。政治的にも、宗教的にも、文化的にも、単一になったら発展はないでしょう。

キリシタン迫害の時代、仏教専制の時代、また神道専制の時代は、日本が単一国家になってしまった時代でした。

キリシタン迫害の時代に、国民はすべて「檀家《だんか》」といって、全員が寺に属するように命じられました。

仏教のブの字も知らなくても、仏教徒にさせられてしまいました。強制的に単一国家にさせられてしまった。

太平洋戦争前、戦争中の日本もそうでした。みなが神道信者にさせられ、単一国家にされてしまった。しかしこのような国家では、本当の未来は開けてきません。

単一国家は、日本の本来の姿ではないと私は思います。日本のルーツは、多民族国家です。日本の発展は、自分のそのルーツに帰ることにあると思います。

日本はもともと、多民族国家の多様性の中から、独自のものを生み出してきた民族なのです。そういう古き良き時代の日本の精神に戻り、現在を見つめて、未来を築き上げていくことが、大切なのではないでしょうか。

時代が危なくなったときに大切なのは、自分たちのルーツを見つめることです。

自分のルーツに帰る。国は国のルーツに帰ることです。また仏教の人は仏教の原点に、神道の人は神道の原点に、基督教の人は基督教の原点に立ち帰ることです。そうすると再び活力がわいて、未来を力強く切り開いていけます。

個人のルーツ探し

もう一つ、自分個人のルーツ探し、ルーツへの立ち帰りが大切だと思います。

以前、私はある喫茶店の店員と親しくなったので、彼に聞いてみました。彼は彫りの深い顔をしていて、福岡の出身だという。「家は仕事は何をしているの?」と聞くと、

「ああ、うちは機織りです」

「やっぱり。あなたの先祖はきっと秦氏ですよ。秦氏というのは、昔、日本に機織りを持ち込んだ人たちなんです。彼らが一番たくさん住んだのが、京都と福岡あたりでした。今から一八〇〇年ないし一六〇〇年くらい前に、日本に約二万人もの大集団で来た渡来人です」

と言うと、大変興味を示すのです。

「あなたは一所《ひとところ》に落ち着かない性格でしょう」

とも言うと、「ええ、そうです」と言う。二年も経たないうちに、別の所へ動くという。

「それは遺伝子の力です。先祖がやったことを、今も自分でやっている」

秦氏がどこから来たかも、彼に話しました。また、秦氏ってすごい人たちだったと。すると顔を輝かせて、そこに行ってみたいと言いました。

これは個人のルーツです。人間には自信というものが必要です。単なる思いこみの自信ではない。きちんと自分のルーツに根ざした自信です。先祖のすごさを知るとき、自分に自信が戻ってくる。世界の舞台で堂々と発言できる人は、そういう「自信」を持った人です。

今から二〇年ほど前にアメリカで『ルーツ』という本がベストセラーとなりました。それは、いつもいじめられていた黒人が、自分たちの歴史を探っていったところ、自分たちは単なる奴隷の民ではない。もとの自分たちの国にはすごい歴史があったのだということを知るという本です。

それをきっかけに、彼らに誇りが戻ってきた。新しくアメリカで生きていく活力が与えられた、という物語です。

私がこの本を執筆したのも、これを読んだ人が、一年かかろうと、一〇年かかろうとかまいません――自分のルーツを調べてほしいからです。そしてもし、ルーツがわかったら、その生まれ故郷に行ってみてほしいのです。

あるいは、その国から来た人と仲良くして、いろいろ聞いてみることです。こうしてルーツを知った人が、本当に国をしょっていける人だと思います。

今、西洋では、西洋の自由とか人権の思想は東洋では根づかない、というような議論がなされています。しかしそういうものは、かつて西洋より早く、東洋が持っていました。ただ東洋の一部の国は、その後それを忘れてしまったにすぎないのです。

もし日本に、何か足りないものがあるとすれば、それは先祖を消してしまったことです。日本は先祖を、ルーツを取り戻す必要があります。

過去において、多くの人が別天地を目指して、何千キロもの旅をしました。その行き先は、イギリスではなかった。オーストラリアでもなかった。それは極東の日の本に輝く島国――日本だったのです。

勇気を持ってください。あなたの先祖はすごかったのです。あなたの体には、その記憶がきっとあります。遺伝子が、血が、あなたの内側で語るに違いありません。

エピローグ

自分の国の歴史に誇りを持つ者に未来がある

私は今の日本の若い人たちと話していて、ときどき悲しく思うことがあります。親を見て、「オヤジはダサイ」とか、「お母さんはダサイ」とか言う。

しかし、親の時代は苦労の多い時代だったのです。そしてたとえ、自分たちの世代には夢を実現できなくても、子や孫たちにその夢をたくしました。「食べるのがやっと」という時代にも、子どもたちを一生懸命育ててくれたのです。

だから私はよく彼らに言います。「親のダサイところに誇りを持て」と。そこまでして育ててくれたがゆえに、私たちは今、夢を追いかけられるのです。私たちの親は、先祖は偉かった。彼らはこの日本を与えてくれたのです。

ある人はまた、「日本はダサイ」と思っています。しかし、そうでしょうか。

日本人が自分のルーツを、その誇れる歴史を取り戻すなら、日本は本当に堂々とした偉大な国であると思います。「すべていいものは西洋にある」のではありません。逆です。日本をつくった人たちは、西洋よりはるか以前に、誇れる歴史を築いていたのです。

今日、日本の多くの人々は、世界の理想と言われている「自由」「人権」「民主主義」「民族融和」などは、西洋がリーダーだと思っています。しかし、じつはそうではない。その多くは、じつは昔、東洋がリーダーでした。

日本もそうでした。極東の国、日本には昔、ヨーロッパ、中国などでの迫害を逃れた人や、夢を持った様々の人々がたくさんやって来ていたのです。人々が自由、人権、秩序ある政治を求めて、日本にやって来た。

当時の日本はある意味では、今から二〇〇〇年前のアメリカのような新天地、新世界でした。そして七世紀の日本には、ちゃんと憲法（聖徳太子の「十七条憲法」）まで存在していたのです。それはヨーロッパでは、そののち約六〇〇年もあとになって、ようやくできたものです（一二一五年、英国のマグナ・カルタ）。

今の日本は、自由、人権、民主主義、民族融和、そのほか理想とされるものを、西洋から学ぶのではありません。それらのリーダーは、西洋ではありません。それらの多くはかつて東洋にあった。だからルーツを、原点を知ることは、日本人に誇りを回復させてくれます。

私たちに必要なのは、自分を好きになること、自分の国を、自分の先祖を好きになることです。G8（主要国首脳会議）などで、あやまってばかりいないで、むしろ堂々と胸を張ってリーダーシップを発揮して欲しいのです。

この極東の島国は、西洋や、中国などで迫害を受けた人々が最後にやって来る避難所でした。新天地でした。日本は「特別な国」だった。

今日、「普通の国」になろう、ということがしばしば言われます。他の国が持っているようなものを日本も持って、他の国並みに立派になろう、ということが言われます。しかし私はむしろ、日本は「特別な国」であってほしいと思っています。

じつは、私は歴史研究のほかに、ボランティアの救助活動も行なっています。その活動の一つが「日本緊急援助隊」ですが、これは私がかつて中央大学で講演したことがきっかけで生まれた、民間ボランティアによる救援チームです。

以前、私は日本緊急援助隊を率い、湾岸戦争（一九九一年）のさなか、難民を助けるために日本政府のチャーター便に乗って、ヨルダンへ行ったことがあります。そこの難民キャンプにおいて、あるヨルダン人がこう言うのを聞きました。

「いつか私たちも日本のようになりたい」

でも、人々が「日本のようになりたい」と言うとき、それはきっと日本のように金持ちになりたいとか、電気製品をたくさん持ちたいとかいう意味だろうと、私たちは思っていました。ところが彼の言う意味は、日本のように「憲法上で不戦を誓う国」になりたい、ということだったのです。

彼らにとって、日本は「特別な国」でした。そしてそれを私たちはとても誇らしく感じることができました。現代だけではありません。日本には昔から誇れるものがたくさん存在していたのです。

多くの場合、危なくて、貧しくて、人権もない、福祉もないというのが「普通の国」なのです。しかし日本は非常に古い時代から、それらに関して胸を張れるものを持っていました。

日本には安全があり、貧富の差は小さく、世界の他の国に比べて身分に平等があり、平和があり、人権が重んじられ、福祉も高いレベルにあります。そしてこれらは、日本の長い長い歴史があって、そうなっているのです。

私は、日本は普通の国に成り下がらないでほしいと思います。昔と同様に、世界の一歩先を行く国であってほしいと願うのです。

危機の中で見いだした原点

ある日私は、青森県八戸《はちのへ》で行なっていた日本緊急援助隊のボランティア活動を終え、そこから家に帰ったばかりで、くたくたに疲れた体を横たえて休んでいました。

これでようやく少し休めるかな、と思っていました。その矢先、あの阪神大震災（一九九五年）の報が入ったのです。神戸での大地震と火災の様子が、どのテレビにも映し出されていました。正直言って、

「また行くのか」

というため息が私のホンネでした。しかし、私はすぐに現場へ向かいました。

日本緊急援助隊の関西地方の担当者とおちあったのち、私たちは現地の対策本部に入りました。救援チームでそこに入ったのは、私たちが最初でした。すぐに生存者の救出や、様々な救援活動が待っていまし

た。

翌日からはまた、ＣＮＮやＢＢＣなど、外国の報道関係者がつめかけたので、その対応にも追われました。最初の五日間、外部と現地対策本部との間に通じる電話は、私たちの持ってきた携帯電話だけでした。

ようやく混乱が収拾し始めたとき、ある中年夫婦が、その神戸の災害現場を歩いている姿を私は見ました。ご主人は奥さんをきつく抱きしめて、手を取り合って歩いていたのです。

奥さんはうれしそうに、「二八年ぶりね」という顔。ご主人の方も、「お前がいればいいんだよ」「お前しかいない」という表情。

ふつう、日本では中年夫婦はそこまで抱き合って歩きはしないですよね。傍目《はため》からは、「この中年夫婦はなにをベタベタしているんだろう」と、いぶかられそうでした。けれども私はそれを見て、うれしくなったのです。

地震で何もかも失ったけれども、彼らは原点に帰った。今まで見失っていた大切なものを、再発見したのです。災害や危機は、辛いことですけれども、必ずしも悪いことばかりではありません。原点に立ち帰るきっかけにもなり得る。

今日、日本は様々な危機の時代を迎えています。日本は迷子になりつつある。行き先がわからない。出口が見つからない。

迷子《まいご》になったとき、どうしたらいいでしょうか。——迷った元の場所に戻る。それが通常のことだと思います。同じように、時代が迷子になったときは、原点に戻る。昔に——自分のルーツに戻ればいいのだと思います。

以前、本文にも述べた京都のお寺のおばさんと話したときのことでした。これからの日本はどうすればいいのか、という話になったとき、彼女は、

「聖徳太子の頃の京都のような姿に戻るのが一番いいんですよ」

と言いました。実際、あの当時の京都は、七〜八割がたが帰化人《きかじん》でした。街を歩いていると褐色《かつしょく》の人がいたり、黄色の人がいたり、白っぽい人もいました。様々の人間と様々の文化が入り混じっていたのです。

これから先日本はどう歩むべきか、ということを考えたときに、単に他の国から学ぶとか、他の国のやり方を真似るのではない。私たちが昔やっていたことに戻るのが、一番目のことだと思うのです。

これからどうすべきか、ということを考えるときに、大切なのは原点に帰ること、ルーツを見つめ直すことだと思います。以前『バック・トゥ・ザ・フューチャー』という映画がありましたが、一度過去に帰ってから再び未来に戻ることが、私たちに必要なのです。

自分のルーツ探し

私は仕事上、カウンセリングを何百回もしています。しかし一番大変なのは、親がわからない人です。小さな頃に自分の親と別れてしまった、などの理由で親がわからない人は、いくらカウンセリングをしても、うまくいきません。

以前、小さい頃にお父さんとはぐれてしまった人の、カウンセリングをしたことがあります。しかし、何を言っても、何をしてもダメなのです。

ところが、彼女がやっと自分のお父さんに会える日が来ました。そしてお父さんに会ってくると、今まであんなにどうしようもないほど、しょぼくれて、荒《あら》くれていた彼女が、背筋をしゃんと伸ばして、明るくなって話すのですね。

そのお父さんが、ものすごい立派な人だったというわけではありません。立派であろうと、平凡な人であろうと、どんな人であろうとかまわない。自分のルーツを知ると、しゃんと立てるのです。

みなさん気づかないのですけれども、一般的に、自分がどこから来たかを知らない民族は、世界中にほとんどないのですね。ところが日本にいると、

「あなたの先祖はどこから来ましたか」

と聞いても、「知りません」と言うし、「考えたこともありません」と答える。

しかし、これから先、日本人がリーダーとして世界のステージに立って行くのであれば、国として、また個人個人が、自分はどこから来たのか、それをよく知る必要があると思います。それを探っていくと、本当に自分が変わります。

自分の親に会ったときに、自分の個性、自分の興味、そして自分の顔から何から、自分のすべてがわかるのです。ですから私はこの本が、一人一人にとって自分のルーツを探って自分を知るようになる、きっかけになってほしいと願っています。

じつはこの本は、私自身のルーツ探求そのものでもありました。そして私自身のルーツを探っていくと、

それが不思議にも、日本人のルーツと交わることに気づいたのです。クロスリンクしている。私のこの本の大きな願いは、私が自分のルーツを探ってそれを見いだしたように、日本のこの国に住む人々がみなそうなることです。

実際にそこの場所に行って、そして自分と同じ民族の人たちと出会って、初めて原点に戻る。そしてこれから先、世界のステージの上で立派にやっていけるような、新しい日本の第一歩となることです。

日本で、ルーツ探しのブーム、正しい歴史の学びが起こってほしいと思っています。

日本は世界のリーダーになり得る立場にある

日本は今後、世界の舞台の中で、どのような働きをしていくべきなのでしょうか。

今日の日本人の心には、今も過去の敗戦の傷あとがあります。

その一つの傷あとは、かつての太平洋戦争は日本だけが悪者だった、という自虐的な思いです。しかし、この思いは間違っています。

日本だけが悪いことをしたのではありません。あの戦争においては、たくさんの国が、また多くの民族が悪いことをしました。太平洋戦争自体、日本が始めたというよりは仕掛けられた戦争だった、という面があるのです。

特定の国が悪かったのではありません。悪いのは戦争です。正しい戦争はありません。そして戦争は人間をおかしくします。日本は戦争中、悪いこともしたかもしれませんが、他の国の人々も悪いことをしたのです。

日本は戦後、一切の戦争行為を放棄し、経済的にも復興して大きな国になりました。日本は軍隊と切り離して大きな国となりえた、まれに見る国です。唯一の被爆国であり、戦争を嫌い、平和を愛する国民です。

しかし一方、他の国々はいまだに戦争犯罪を続けています。日本以外の国々は、戦争を放棄していません。武器をつくっては外国に輸出している。直接戦争をしない場合でも、戦争に加担しています。

今日、しばしば、

「今の日本の平和憲法はアメリカがつくって押しつけたものだから、変えるべきだ」

という議論がなされます。しかし現在の憲法は、決してアメリカが押しつけたものではありません。

なぜなら、太平洋戦争が終わったとき、占領軍は日本人の要人を集めて、新しい憲法の草案をつくれ、と命じたのです。しかし、そこで出てきた草案は、明治の大日本帝国憲法にちょっと毛が生えたようなものばかりでした。

そこで、これではいけないと、新しい委員会がつくられました。彼らは、聖徳太子の十七条憲法の精神を汲み、それに世界の様々な憲法の良い所をさらに加えて、草案を練り上げました。こうしてつくられたのが、今の日本国憲法です。

それは聖徳太子の憲法の精神に帰ったものなのです。日本国憲法第九条の不戦の誓いも、聖徳太子の「和をもって尊しとなす」の精神を発展させたものです。不戦の誓いは、決して日本を無力化するためのアメリカの押し付けではありません。むしろ日本の長い伝統を受け継いだものなのです。

私は以前、マッカーサーが新憲法を発表した日の記録映画を見て、非常に心を動かされました。彼はそのとき、自分の個人的な背景を語りました。自分の人生は失敗だった、と彼は言いました。軍人とは、人を殺す仕事です。人を不幸にするのが軍人の仕事です。

しかし、私の人生に一つだけ救いがあるとすれば、それは今日、この憲法を発表できることですと。この憲法は、国民に主権があることを言明しています。この憲法は不戦の誓いをしています。

ある人たちは、この憲法は現実的じゃない、と言うかもしれません。しかし、この憲法の精神がやがて世界の理想となって、世界をリードしていくとき、軍人のいらない平和な世界が来ると確信している、という内容のことをマッカーサーは語ったのです。

彼は、日本は特別な国と見ていました。日本にはそれができる、それができる国は日本しかない、と思っていたのです。日本がそのリーダーとなってくれることを、彼は期待していました。

日本のこれからすべきことは、軍事力の増強じゃありません。PKOでもない。PDO（Preventive Diplomacy Operations）、つまり予防外交です。

戦争が起きてから、どうのこうのするのじゃない。戦争が起きる前に、紛争が起きる前に、そこに行って調停を図ったり、両者の理解を促進させるために対話の機会を設けたりする。あるいは、なぐり合いになる前に、文化交流、経済交流など草の根の平和活動を推進することです。

聖書で言う「ピース・メーカー」（平和をつくる者　マタイの福音書五・九）になることです。

今や日本人は、世界中に行っているじゃありませんか。日本はそれができる立場にあります。かつて渡来人は、軍隊によってではなく、草の根の交流活動を通して、平和と文化と繁栄をその地に築きました。それが、日本人の先祖たちのやったことです。

日本のルーツを見たら、日本人がこれからすべきことがわかってくるのです。

日本は今、先進国の中で、武器を外国に輸出していない唯一の国です。

以前、あるおじいちゃんが私に言いました。自分が若い頃、理想はアメリカのようになることでした。しかし今は違いますと。アメリカは世界に武器を輸出しています。ヨーロッパの国や、中国、ロシア、その他の国もそうです。サミットに出席しているような国はみなそうです。外国に武器を輸出して、それで食べている。

彼らは表では平和を口にしますけれども、裏では、世界から戦争がなくなったら困るのです。どこかで戦争や、紛争が絶えず存在していることが好ましい。それが彼らのホンネです。そうした国は、本当の平和を築くことができません。

戦争が好き、というのが普通の国です。しかし本当の平和は、武器を輸出しない、つくらない、また不戦を誓い、平和を愛し、紛争を未然に防ぐ予防外交などによって築かれるものです。日本はそのリーダーとなり得る立場にある。

日本はそうした特別な国、高い理想によって世界をリードしていくべき国です。

もしその理想を捨てて、普通の国に成り下がるなら、バチが当たると思います。予防外交をなし、平和の理想を掲げて、それを西洋の国々に教えることこそ、日本の役目です。西洋を指導する立場にあるのが日本です。

日本人の先祖たちは、かつてそれをしたのです。今の私たちに必要なのは、その先祖たちの精神に再び立ち帰ることです。

最後に一つの祈りでこの本を終わります。

神さま、あなたのことはわからない。
あなたがいるかどうかもわからない。
過去や、先祖のこともわからない。
もし、あなたがいたら、あなたのことを知りたい。
もし、本当だったら私に示してください。
私に示してくださったら、あなたのことを信じます。
あなたのあとについて行きます。
もしも本当に十字架のキリストが、私の罪のために死んでくださったのなら。

◎参考文献

“By Foot To China”（Grey Pilgrim Publications, USA）, John M. L. Young
“The Nestorian Monument in China”（Society for Promoting Christian Knowledge, England）, P. Y. Saeki
“Nestorian Missionary Enterprize”（The Christian Literature Society for India）, John Stewart
“The Nestorian Documents and Relics in China”（The Toho Bunkwa Gakuin : The Academy of Oriental Culture Tokyo Institute, The Maruzen Company Ltd. Tokyo）, P. Y. Saeki
“A History of Christianity in Asia”（Harper Collins, USA）, Samuel H. Moffett
『日本・ユダヤ封印の古代史』（徳間書店）ラビ・M・トケイヤー著
『冨山昌徳遺稿集　日本史の中の佛教と景教』（冨山さと発行　東京大学出版会製作）第一、第二集
『佐伯好郎遺稿並伝』（大空社）法本義弘編
『オリンピック聖火』（ミネルヴァ書房）池田栄著
『秦氏の謎』（学習研究社）飛鳥昭雄・三神たける共著
『日本書紀』（講談社学術文庫）宇治谷孟現代語訳
『逆説の日本史2　古代怨霊編』（小学館文庫）井沢元彦著

〔写真提供〕
毎日新聞社
読売新聞社
㈱学習研究社月刊ムー編集部
㈱便利堂
神戸市立博物館
長崎市観光宣伝課

全国キリスト教・キリシタン関係博物館リスト

あなたの近くにもあるキリスト教/キリシタンの博物館や資料館。また寺や神社の中にまであるキリシタン遺跡。一度見てみると、きっと新しい発見がありますよ。

●北海道

〔松前郷土資料館(文化センター)〕
松前郡松前町神明30　TEL:01394-2-3060
キリシタン遺物などを展示

〔松前城資料館〕
松前郡松前町　TEL:01394-2-2216
キリシタン遺物などを展示

〔北海道開拓の村〕
札幌市厚別区厚別町小野幌
TEL:011-898-2692
歴史的建物など

〔北海道大千軒岳　キリシタン殉教の地〕
松前郡大千軒岳
TEL:011-898-2692(北海道開拓の村)
キリシタン50人が処刑された場所。毎年7月巡礼ミサが行われている

〔三浦綾子記念文学館〕
旭川市神楽見本林　TEL:0166-69-2626
クリスチャンである作家三浦綾子さんに関するものを展示

〔北海道大学図書館〕
札幌市北区北8条西5　TEL:011-716-2111
内村鑑三の遺物などを展示

〔ピアソン記念館〕
北見市幸町7-4-28　TEL:0157-23-2546
アメリカ人宣教師ピアソン夫妻が起居した住宅をそのまま記念館にし、彼らの遺品を展示

●青森県

〔弘前市立博物館〕
弘前市下白銀町1-6弘前公園内
TEL:0172-35-0700
津軽藩の時代にまつわる資料など

〔弘前城資料館〕
弘前市下白銀町1-6弘前公園内
TEL:0172-33-8733
津軽藩の時代にまつわる資料など

〔大円寺境内墓地内　キリシタンの墓〕
弘前市銅屋町63　TEL:0172-34-1123
キリシタンのものと思われる墓が寺の境内にある

〔禅林街(長勝寺)〕
弘前市西茂森1-23-8　TEL:0172-32-0813
キリシタンのものと思われる墓が寺の境内にある

〔キリストの墓(と称するもの)〕
新郷村大字来字野月32-2
TEL:0178-78-2111(新郷村役場)
ゴルゴダの丘で処刑されたはずのキリストは、実はひそかに日本に渡り、このみちのくの山村新郷村で長寿を全うしたといわれるキリスト伝説があり、キリストの墓と弟イスキリの墓がある

●岩手県

〔水沢教育委員会〕
水沢市大手町1-1　TEL:0197-24-2111
観光案内

〔後藤寿庵廟〕
水沢市大手町1-1
TEL:0197-24-2111(水沢教育委員会)
福原のキリシタン領主後藤寿庵の館跡に彼の偉大な業績を称え建てられた御堂

〔キリシタン殉教公園〕
東磐井郡藤沢町大籠字右名沢28-7
TEL:0191-62-2255
東北のキリシタンの歴史を展示

●宮城県

〔仙台市博物館〕
仙台市川内三の丸跡
TEL:0222-25-2557/0814
慶長遣欧使節関係、南蛮屏風など

〔宮城県立図書館〕
仙台市榴ヶ岡　TEL:022-377-8441
伊達文書など仙台藩および家臣関係文書など

〔瑞巌寺博物館〕
宮城郡松島町松島字内　TEL:022-353-4486
史倉六右衛門ゆかりのびいどろ燭台など

〔仙台教育委員会〕
仙台市青葉区二日町1-1　TEL:022-214-8856
地域の博物館・資料館案内

●茨城県

〔水府明徳会商工館〕

水戸市水川1-1215-1　TEL:022-299-3890
南蛮銅板画、漆器、書籍など

●東京都
〔国立公文書館内閣文庫〕
千代田区北の丸公園3　TEL:03-3214-0621
華夷通商考、西洋紀聞など古文書。閲覧には身分証明、印鑑などが必要
〔サントリー美術館〕
港区元赤坂1-2-3東京サントリービル11F
TEL:03-3470-1073
南蛮屏風、漆器など多数
〔永青文庫〕
文京区目白台1-1　TEL:03-3941-0850
旧肥後藩主細川家収蔵の南北朝以来の武具、および美術品など
〔上智大学キリシタン文庫〕
千代田区紀尾井町7　TEL:03-3238-3822
高山右近書状、日本最古の楽譜「サカラメンタ提要」など
〔東京大学史料編纂所〕
文京区本郷3-7　TEL:03-3812-2111
和漢三才図絵、備慈多道留書状ほか
〔東京大学総合図書館〕
文京区本郷3-7　TEL:03-3815-8354
救世主像、破提宇子、邪教大意ほか
〔東京国立博物館〕
台東区上野公園13-9　TEL:03-3822-1111
南蛮銅板画、漆器、世界地図、踏絵など
〔賀川豊彦記念館〕
世田谷区上北沢3-8-19　TEL:03-3302-2855
明治にキリスト教社会運動家として活躍した牧師賀川豊彦の生涯を紹介
〔小日向台キリシタン屋敷〕
文京区小日向1-14-11
TEL:03-3947-9756(菅沼さん)
江戸時代のキリシタン牢屋敷
〔ペトロ活水岐部神父殉教の地〕
中央区日本橋小伝馬町
TEL:03-3396-0305(下井草教会:東木先生)
ペトロ活水岐部神父の殉教記念碑
〔元和の大殉教聖跡〕
港区田町
TEL:03-3396-0305(下井草教会:東木先生)
1623年この地で87人の信者が処刑されている
〔国際基督教大学〕
三鷹市大沢3-10-2
TEL:0422-33-3020
内村鑑三記念文庫、内村鑑三に関する図書や資料など
〔おたあジュリアの墓〕
神津島
TEL:03-3623-6753(おたあジュリア表慶会本部)
キリシタン大名小西行長の養女であり、禁教令とともに神津島に流刑された、おたあジュリアの墓がある
〔東洋の十字架館〕
港区麻布台1-6-19　TEL:03-5780-1113
日本唯一の景教や、キリシタンに関するものを展示。踏絵、禁止令の札、マリア観音像、十字架、碑など

●神奈川県
〔神奈川県立博物館〕
横浜市中区南仲通5-60　TEL:045-201-0926
南蛮屏風など
〔横須賀市立博物館〕
横須賀市深田台95　TEL:0468-24-3688
貿易関係、三浦按針関係資料など
〔キリシタン記念館〕
中郡大磯エリザベス・サンダース・ホーム
TEL:0463-61-0007
キリシタン資料が中心
〔光照寺〕
鎌倉市山之内827　TEL:0467-46-6355
切支丹くるす門、キリシタン燭台など

●静岡県
〔救世熱海美術館〕
熱海市伊豆山大久保　TEL:0557-81-5785
洋人奏楽図屏風など
〔久能山東照宮博物館〕
静岡市根古屋　TEL:054-237-2437
スペイン製枕時計、火縄銃、ビイドロ、眼鏡、胴具足など
〔田方郡郷土資料館〕
田方郡戸田村　TEL:0559-49-4127
〔下田開港記念館〕
下田市白浜海岸
TEL:0558-22-2211(下田市役所)
開港当時の遺物、文書など
〔下田開国記念館〕
下田市下田町1-18-26
TEL:0558-22-2211(下田市役所)

開国当時の資料、遺物など

●石川県
〔金沢カトリック教会〕
金沢市広坂1-1-54　TEL:076-264-2536
故カステラン神父の収集品、高山右近関係、キリシタン関係などの資料
〔中村記念館〕
金沢市本多町3-2-30　TEL:076-221-0751
南蛮人蒔絵硯箱など

●愛知県
〔栄国寺〕
名古屋市中区橘1-21-38　TEL:052-321-5307
千本松原と呼ばれた刑場跡に処刑された2000人のキリシタン慰霊のために建立
〔切支丹遺跡博物館〕
名古屋市中区橘1-21-38栄国寺内
TEL:052-321-5307
マリア観音、踏絵、キリシタン灯籠ほか、南蛮屏風など
〔博物館明治村〕
犬山市字内山1　TEL:0568-67-0314
京都ザビエル聖堂の再現など
〔犬山城跡〕
犬山市犬山北古券65-3　TEL:0568-61-5611

●京都府
〔京都大学総合博物館〕
京都市左京区吉田本町
TEL:075-753-3272～3273
元和航海記など
〔京都大学文学部国史研究室〕
京都市左京区吉田本町
TEL:075-753-3274
マリア十五玄義図、南蛮誓詞、キリシタン大名書状など
〔京都文化博物館〕
京都市中京区三条高倉　TEL:075-222-0888
南蛮美術品など
〔同志社大学〕
京都市上京区今出川通烏丸東入
TEL:075-251-3980
〔フランシスコの家〕
京都市下京区岩上通り四条下る佐竹町388
TEL:075-822-2369
キリシタン遺物、写真などを展示。
京都の最初の西洋式病院の跡地
〔修学院離宮〕
京都市左京区修学院藪添
TEL:075-211-1211
〔妙心寺〕
京都市右京区花園妙心寺町64
TEL:075-463-3121
南蛮寺の「イエズス会」の紋章が彫られている鐘がある
〔太秦教会〕
京都市中京区壬生西大竹町6-2
TEL:075-822-0991

●兵庫県
〔神戸市立南蛮美術館〕
神戸市中央区熊内町1-8-21
TEL:078-391-0035
南蛮屏風、扇面、聖ザビエル像、十二都市図、南蛮銅板画ほか
〔香雪美術館〕
神戸市東灘区御影町郡家字石野
TEL:078-841-0652
世界地図屏風、レパント戦闘図屏風など

●大阪府
〔南蛮文化館〕
大阪市北区中津6-2-18
TEL:06-6451-0088
キリシタン関係遺品、南蛮美術品などを展示
〔大阪城天守閣〕
大阪市中央区大阪城1-1
TEL:06-6941-3044
〔マリアの墓〕
豊能郡豊能町高山
TEL:0727-39-0001(豊能町観光課)
江戸幕府の禁教令でも改宗しなかった2組の夫婦の墓
〔逸翁美術館〕
池田市建町7-17　TEL:0727-51-3865
〔堺市博物館〕
堺市百舌鳥夕雲町2　TEL:0722-45-6201
ザビエル公園がある
〔茨木市立キリシタン遺物資料館〕
茨木市千提寺262　TEL:0726-49-3443
かくれキリシタン遺物を展示
〔千利休屋敷跡〕
大阪市　TEL:06-6208-9071

（大阪市社会教育部文化財保護課）
〔南宗寺〕
堺市南旅籠町東3-1-2　TEL：0722-32-1654
〔カトリック高槻教会〕
高槻市野見町2-26　TEL：0726-75-1472
高山右近記念聖堂。右近像や書物などを展示
〔大阪市社会教育部文化財保護課〕
TEL：06-6208-9071
遺跡、博物館、観光案内

●奈良県
〔大和文華館〕
奈良市学園南1-11-6　TEL：0742-45-0544
国宝松浦屛風ほか婦女弾琴図など
〔中宮寺〕
生駒郡斑鳩町法隆寺北1-1-2
TEL：0745-75-2106
〔奈良市シルクロード博記念館〕
奈良市二条大路南3-5　TEL：0742-33-7157

●広島県
〔福山YMCA外語学院〕
福山市西町2-8-15　TEL：0849-26-2211
キリシタン遺品、キセル、マリア観音などを展示
〔鞆の浦歴史民俗資料館〕
福山市鞆町後地536-1　TEL：0849-82-1121

●山口県
〔山口県立博物館〕
山口市春日町8-2　TEL：0839-22-0294
〔大道寺跡〕
山口市亀山町
TEL：0839-22-4222（ザビエル記念聖堂）
日本で最初に建てられた教会。当時多くの真言宗仏教徒らはキリストが弥勒菩薩の本当の姿と信じ、仏教からキリスト教へと移った人が大勢いた
〔ザビエル記念聖堂〕
山口県山口市亀山町4-3
TEL：0839-22-4222
聖フランシスコ・ザビエル像、資料館など
〔萩カトリック教会〕
萩市土原3区564　TEL：0838-22-0732
殉教者記念碑、キリシタン灯籠など。

●岡山県
〔大原美術館〕
倉敷市中央1-1-15　TEL：086-422-0005
南蛮芸術

●三重県
〔カトリック伊勢教会〕
伊勢市岡本町1-2-1　TEL：0596-28-3885
26聖人が長崎へ向かう途中に滞在した場所のうちの一つ

●和歌山県
〔古代景教碑（高野山）〕
伊都郡高野町
TEL：0736-56-2616（高野山観光協会）
真言密教の総本山と呼ばれている

●香川県
〔高松市歴史資料館〕
高松市昭和町　TEL：0878-61-4520

●島根県
〔津和野カトリック教会〕
鹿足郡津和野町　TEL：08567-2-0251
〔乙女峠マリア聖堂〕
鹿足郡津和野町
TEL：08567-2-0251（津和野教会）
明治初年、新政府のキリスト教弾圧政策によって過酷な迫害を受けた長崎・浦上の信徒153人のうち36人が殉教した

●福岡県
〔福岡市美術館〕
福岡市中央区天神1-8-3　TEL:092-714-6051
〔西陣教会〕
福岡市早良区城西3-14-1
TEL：092-851-8032
〔（日蓮聖人銅像護持教会）元攻資料館〕
福岡市博多区東公園7-11
TEL：092-651-1259
〔福岡城跡〕
福岡市中央区城内　TEL：092-733-5880
キリシタン大名黒田如水が城主であった城跡
〔小倉城〕
北九州市小倉北区城内2-1
TEL：093-561-1210
細川忠興の妻玉子はキリシタン大名高山右近の影響で洗礼を受け、細川ガラシャとなったと言われている

●長崎県
〔大浦天主堂〕
長崎市南山手町　TEL：0958-23-2628
西坂の丘で殉教した26聖人に捧げるために建てられた教会。日本最古の木造ゴシック造り
〔日本26聖人殉教地〕
長崎市西坂町7-8　TEL：0958-22-6000
400年前に殉教した26人の信者や宣教師のために建てた祈念堂、資料館など
〔長崎県立図書館〕
長崎市上西山町　TEL：095-826-5257
キリシタン、オランダなどの海外交渉史料、江戸期の長崎古図、寛永15年島原邪蘇教徒攻囲陣形図
〔長崎県立美術博物館〕
長崎市立山町2　TEL：095-821-6700
南蛮美術品、キリシタン関係遺品、長崎絵画、シーボルトが着た礼装用軍服など
〔長崎市立博物館〕
長崎市出島町9-3　TEL：095-845-8188
海外貿易の末次船、荒木船、末吉船の図。シーボルト関係品
〔異人館〕
長崎市南山手町　TEL：095-823-0191
オランダ、キリシタン関係資料の展示
〔南山手16番館〕
長崎市南山手町　TEL：095-827-6111
アメリカ領事館員の宿泊所として建築。ビードロ、ギヤマン、グラバー氏遺品、キリシタン資料などを展示
〔ド・ロ神父記念館〕
西彼杵郡外海町出津　TEL：09592-5-1081
神父の肖像画、各種宗教版画、キリシタン暦など
〔外海町資料館〕
西彼杵郡外海町出津　TEL：09592-5-1188
オラショ、ロザリオ、観音像、キリスト像、板踏絵など
〔松浦史料博物館〕
平戸市鏡川町12　TEL：0950-22-2236
松浦家所蔵のもの。貿易関係資料。キリシタン遺物、オランダ船首像、唐船図巻、長崎日蘭貿易絵巻、地球儀など
〔平戸観光資料館〕
平戸市大久保町　TEL：0950-22-2813
海外貿易時代の遺品、ジャガタラ文などを展示
〔キリシタン資料館〕
平戸市　TEL：0950-28-0176
隠れキリシタン史料、遺物など
〔島原城天守閣キリシタン資料館〕
島原市城内1-1183-1　TEL：0957-62-4766
島原の乱、キリシタン関係資料などを多く展示
〔堂崎天主堂〕
福江市奥浦町　TEL：0959-73-0705
隠れキリシタン史料、遺物など
〔浦上天主堂〕
長崎市浦上町　TEL：095-844-1777
東洋一の大教会。1945年原爆によって破壊、59年に再建
〔クルスの丘殉教記念碑〕
北松浦郡生月町　TEL：0950-53-2111（役場）
籠手田氏の奉行として生月島を統治したガスパル西玄可の処刑地
〔生月町博物館「島の館」〕
北松浦郡生月町南面4289-1
TEL：0950-53-3000
隠れキリシタンの歴史、ステンドグラス、観音像など
〔大村市立資料館〕
大村市東本町481　TEL：0957-53-1979
隠れキリシタン史料、遺物など
〔大村キリシタン史跡巡礼コース〕
大村市協和町732-7合同タクシー株式会社
長崎県　TEL：0957-52-3161
「巡礼Aコース」と「Bコース」、2つのコースがあり、約3時間から4時間かけて大村のキリシタン史跡をタクシーに乗りながら見て回る。胴塚跡、首塚跡、キリシタン墓碑、植松教会など
〔枯松神社〕
西彼杵郡外海町
TEL：0959-24-0323（外海町教育委員会）
日本に3ヶ所あると言われる隠れキリシタンを祀った神社の一つ
〔雲仙地獄キリシタン殉教碑〕
南高来郡小浜町雲仙
TEL：0957-73-3434　（雲仙観光協会）
キリシタン弾圧の際、拷問に使われた場所
〔日本二十六聖人乗船場跡〕
東彼杵町彼杵海水浴場　TEL：0957-46-1111
26聖人がここから乗船したことを記念して立てられた記念碑

●熊本県
〔本渡市立天草切支丹館〕
本渡市船之尾町19-52　TEL：09692-2-3845

天草四郎関係遺物、キリシタン史料、オランダ医の医療器具などの展示
〔崎津天主堂資料館〕
天草郡河浦町崎津　TEL:0969-79-0015
河内浦港に入った16世紀南蛮船(ナウ)の模型、ルネサンス様式の聖母メダイほか
〔大江天主堂〕
天草郡天草町大江　TEL:0969-42-5176
ド・ロ神父の指導になるキリシタン信仰の大木版画
〔天草郷土資料館〕
本渡市本戸馬場西久保1509
TEL:0969-23-7386
マリア観音、天草更紗、古文書、天草の民具、民芸品
〔天草ロザリオ博物館〕
天草郡天草町大江　TEL:0969-42-5259
天草キリシタン達の遺品を展示
〔天草四郎メモリアルホール〕
天草郡大矢野町中977-1　TEL:0964-56-5311
島原の乱で農民側の盟主として戦った天草四郎の真の姿と天草のキリシタンの歴史をジオラマや立体映像で紹介している
〔天草コレジオ館〕
天草郡河浦　TEL:09697-6-0188
グーテンベルク印刷機、天草キリシタン資料
〔旧細川刑部邸〕
熊本市古京町3-1　TEL:096-352-6522
〔松島天草キリシタン資料館〕
天草郡松島町合津　TEL:0969-56-3290
古マリア観音像、天草かくれキリシタン遺物など
〔サンタマリア館〕
天草郡有明町大浦　TEL:0969-54-0501
先祖が隠れキリシタンであったと言う浜崎栄三氏が、約30年の歳月をかけて集めた資料が展示してある
〔宇土城跡〕
宇土市古城町
TEL:0964-23-0156(宇土市文化振興課)
キリシタン大名・小西行長像
〔ジェーンズ邸〕
熊本市水前寺公園22-16　TEL:096-382-6076
熊本洋学校教師ジェーンズが5年間にわたり住んでいた家
〔熊本バンド記念碑〕
熊本市花岡山山頂
TEL:096-355-3087(熊本聖書教会)
毎年2月に熊本バンドの若者をしのぶ早天祈禱会が行われている
〔立田自然公園〕
熊本市黒髪4-610　TEL:096-344-6753
細川家二代忠興・ガラシャ夫妻の眠る「四つ御廟」がある

●大分県
〔野津キリシタン記念館〕
大野郡野津町寺小路　TEL:0974-32-7655

〔キリシタン洞窟礼拝堂〕
竹田市
TEL:0974-63-3161(竹田商工会議所)
県指定史跡に指定されている礼拝堂
〔臼杵城跡〕
臼杵市
TEL:0972-63-1111(臼杵市商工観光課)
キリシタン大名、大友宗麟の建てた城跡
〔キリシタン殉教公園〕
高田市

●鹿児島県
〔西之表市博物館〕
西之表市西之表　TEL:09972-3-3215
鉄砲伝来関係の史料などを展示

●佐賀県
〔鍋島藩窯公園〕
伊万里市
TEL:0955-23-2111(伊万里市観光課)

●沖縄県
〔沖縄聖書教会〕
那覇市首里4-391-2　TEL:098-887-3959

［資料提供］ケン・ジョセフ
http://www.keikyo.com/museums/index-j.html

著者より

これまでに父と私にさまざまな協力、応援をしてくださった全国各地の皆様。本当にありがとう。

この本の中で取り上げたことに関する資料の多くは失われています。

私は父が四十五年前に自分の足で調べて書いたのと同じように、その場所に行ったり、調べたり、勉強しました。しかし、間違いや足りないところもあるでしょう。ほかにもいろんな説があると思います。間違いは、教えてください。私が見過ごしていることがあったら教えてください。そして、あなたのルーツを教えてください。

自分の先祖の力が自分につながってきます。自分のことを応援してくれた代々の先祖のおかげで、いまの自分があります。

この本は、私のそしてみなさんのルーツ探しの第一歩だと思っています。

●景教について解説した著者のホームページがあります。ぜひ、のぞいてみてください。

ホームページアドレス　http://www.keikyo.com/

また、この本のテーマに関連した資料等ありましたら、左記に送ってくださると感謝です。参考にさせていただきます。

〒105-8055　東京都港区芝大門二-二-一
㈱徳間書店、一般書籍編集部気付　ケン・ジョセフ

《著者プロフィール》

ケン・ジョセフSr.（Kenny Joseph ケニー・ジョセフ）

景教研究所所長。京都インターナショナル・ユニバーシティ客員教授。先祖はアッシリア人景教徒。来日以来五〇年を、古代日本に来た景教徒たちに関する研究に捧げてきた。景教の大主教マル・ディンカ師（在イラク）とも親しい。今まで知られることの少なかった古代日本と景教の深い関係を、本書を通して明らかにしている。

ケン・ジョセフJr.（Ken Joseph Jr. 助世夫 健）

一九五七年、ケン・ジョセフ・シニアの息子として東京に生まれる。米国カリフォルニア州バイオラ大学卒業。日本の古代史研究家、秦氏研究家、景教研究家、キリシタン研究家として活躍。日本全国の遺跡巡りや、各地の研究家、歴史家との交わりを通して得た知識をもとに、ユニークで鋭い視点を発表している。一九七九年ロサンゼルスに、また八九年には東京に国際ボランティア組織を設立。被災地、難民キャンプへの救援活動のほか、海外に行った日本人のトラブルの相談などにもあたっている。

著書――『日本・ユダヤ封印の古代史〈2〉』（久保有政と共著、徳間書店）、『あがペ・ボランティア論』（永六輔と共著、光文社）、『だいじょうぶ日本』（NTT出版、全国学校図書館協議会選定図書）、『ハロー…た・す・け・て!!』（アルク）。そのほか産経新聞の宗教欄にコラムを連載中。フジテレビ「マルコポーロの子供たち」、TBS「サンデーモーニング」などテレビ、ラジオ出演も多い。

〔隠された〕
十字架の国・日本

初版 二〇〇〇年十二月三十一日
四刷 二〇〇五年八月一〇日

著者 ケン・ジョセフSr.＋Jr.
発行人 松下武義
発行所 ㈱徳間書店
東京都港区芝大門二-二-一 〒105-8055
電話 編集部 〇三-五四〇三-四三四四
販売部 〇三-五四〇三-四三二四
振替 〇〇一四〇-〇-四四三九二

印刷所 本郷印刷㈱
半七写真印刷工業㈱
製本所 ㈱明泉堂

落丁・乱丁本はお取りかえいたします
〔検印廃止〕
〈編集部担当 石井健資〉

ISBN4-19-861287-0